DIE DINGE-DIÄT

Inge Dir

KAMAC

DIE DINGE-DIÄT

Leichter leben mit weniger Kram

Inge Dinge

ISBN-13: 978-1497447226
ISBN-10: 1497447224

Covergestaltung und E-Book-Bearbeitung:
Karina Matejcek und Markus Stolpmann, KAMACO

Bildrechte Cover: © Kiste: Bas van den Eijkhof (mistermast), stock.xchng, sxc.hu; © Silhouette: Michal Zacharzewski (mzacha), stock.xchng, sxc.hu

Hand aufs Herz: Wie oft haben Sie sich schon mit dem großen Müllsack bewaffnet und versucht, Ihre Wohnung endlich von all dem unnötigen Ballast zu befreien, der Sie schon so lange nervt? Und wie lange hat dieser gute Vorsatz angehalten, bevor sich wieder allerlei Kram angesammelt hat?

Sie sind nicht allein: Inge Dinge und ihren Freundinnen Karla, Moni, Petra und Vera ging es genauso. Ihre Fehlschläge haben die fünf zu einer eingeschworenen Selbsthilfegruppe werden lassen: Einmal ausmisten reicht nicht – gebraucht wird eine Dinge-Diät!

Begleiten Sie die fünf bei ihren Abenteuern auf dem Weg, die eigene Wohnung auf Diät zu setzen und abzuspecken. Vielleicht werden Sie sich manchmal selbst wiedererkennen, auf jeden Fall aber lernen Sie, wie Sie Ihre eigene Wohnung auf Diät setzen und das „Gewicht“ erfolgreich halten können. Mit 22 leicht umsetzbaren Rezepten und Übungen für Ihre erfolgreiche Dinge-Diät.

INHALTSVERZEICHNIS

EINLEITUNG **11**

TEIL I. WENN DER SPECK ZU VIEL WIRD **15**

Warum einmaliges Entrümpeln keine Lösung ist 16

Die Recherche 17

Der Einstieg: Sieben Dinge in sieben Tagen 18

Die Begehung 20

TEIL II. DIE HÄUSLICHEN PROBLEMZONEN ERKENNEN **25**

Eingangsbereich 26

Flur, Vorzimmer 27

Bad, WC 30

Schlafzimmer 33

Bettwäsche 36

Klamotten 37

Bügelbrett, Heimtrainer und Co. 39

Wohnzimmer und Wohnraum 40

Stapelweise Altpapier! 42

Entertainment-Center 43

Zimmerpflanzen 44

Regale und Schränke 44

Deko 46

Arbeitszimmer, Büro, Schreibtisch 47

Kinderzimmer 51

Küche, Essplatz und Vorratsbereiche 54

Lebensmittel 58

Vorratshaltung 60

Keller, Speicher und Co. 61

Balkon, Terrasse und Garten 63

Das Auto als verlängerter Wohnbereich 64

Der Müll: Detektivarbeit im Abfall 67

TEIL III. WARUM HAT SICH DAS BLOß ALLES ANGESAMMELT? .71

Selbsterkenntnis kommt vor Besserung 72

Vorsicht bei Ersatz und Anschaffungen 77

Schwachstellen analysieren und Prioritäten festlegen 81

Maßnahmen planen 83

Die acht Prinzipien der Dinge-Diät 87

TEIL IV. DAS GEWICHT HALTEN – FÜR IMMER 89

Selbsthilfegruppe gegen den Jojo-Effekt 90

Die Sache mit dem geringsten Widerstand 91

Erlebnis statt Besitz 93

Regeln festlegen 95

Wettbewerbe 96

Das Umfeld und die Lebensphilosophie 97

Lohn der Mühe 98

TEIL V. 22 REZEPTE UND ÜBUNGEN ZUR DINGE-DIÄT 101

#1 – Sieben Dinge in sieben Tagen 102

#2 – Das Bestandslistenspiel 103

#3 – 33 VIPs 105

#4 – Häppchenweise 106

#5 – Die „Gekauft“-Liste 107

#6 – Vier-Wochen-Challenges 108

#7 – Vorher-nachher-nachher-Fotos 109

#8 – Wie du mir, so ich dir 110

#9 – Der Trick mit den Post-its 111

#10 – Sinnvolle Parkpositionen 112

#11 – Freiraum und leere Flächen 113

#12 – Aus den Augen, aus dem Sinn 114

#13 – Einpack-Party 115

#14 – Die Quartalskiste 117

#15 – Der Ausgangskorb 118

#16 – Nur noch Ersatzbeschaffungen 119

#17 – Mehrfachnutzen – mehrfach nutzen 120

#18 – Funktionstest 122

#19 – Ordnungssystem schafft Übersicht 124

20 – Leihen statt kaufen 126

#21 – Der Reiz des Digitalen 127

#22 – Das Abspeck-Tagebuch 130

TEIL VI. RESSOURCEN: WEBLOGS UND BÜCHER 131

Die Autorin 133

Das Ende dieses Buches – der Beginn Ihrer Dinge-Diät! 134

KAMACO-Verlagsprogramm 134

EINLEITUNG

Wenn es um überflüssige Pfunde geht, steht uns eine umfangreiche Industrie zur Verfügung, um uns mit Diätratgebern, Rezepten, Produkten, Übungen, nützlichen oder auch weniger nützlichen Hilfsmitteln und sogar Personal Trainern auf Vordermann zu bringen. Aber was ist eigentlich mit den Wohlstandspfunden, die sich in unserer *Wohnung* ansammeln und die so gar nicht sexy sind?

Wir haben das Thema in unserer Freundinnenrunde vor ein paar Monaten für uns entdeckt. Dabei zeigte sich, dass jede ihr Päckchen zu tragen hat:

- Moni hat es längst aufgegeben: „In unsere Wohnung kann ich keinen lassen. Da sieht es immer aus wie bei Hempels unterm Sofa. Und wir haben noch nicht mal alle Kartons vom letzten Umzug ausgepackt."
- Petra räumt ständig die eigenen vier Wände um mit dem Ziel, endlich ein vorzeigbares Ergebnis zu schaffen. Vor lauter Ordnungswahn kommt sie gar nicht dazu, Besuch einzuladen. „Demnächst", vertröstet sie uns immer. Sie muss nur noch ein wenig aufräumen.
- Und Vera, eigentlich immer auf der Suche nach dem Traumpartner, fürchtet sich gar davor, ihren Wunschmann mit nach Hause zu nehmen: „Der würde die Flucht ergreifen, sobald er in den Flur

käme und meinen überquellenden Schuhschrank sähe. Und der ist noch harmlos! Meine Wohnung ist einfach zu klein für mich und meine Besitztümer. Irgendwer von uns muss wohl bald ausziehen."

- In unserer kleinen Konsumwahn-Selbsthilfegruppe trifft es aber eigentlich Karla am schlimmsten. Nach außen hin sieht alles ganz gut aus: tolles Haus, viel Platz, lukrativer Job für sie und ihren Mann, Golfclub, Karnevalsverein und hastenichtgesehen. Aber hinter vorgehaltener Hand erzählt sie uns schon mal, dass sie sich das neue Auto eigentlich gar nicht leisten können und dass sie in einen Shoppingrausch verfällt, wenn sie mal wieder Frust im Job schiebt oder Nachbars mit den neuen Gartenmöbeln prahlen.

- Und ehrlich gesagt ging es mir auch nicht viel besser: überquellende Schränke, ein Gästezimmer, das man vor lauter Chaos keinem Gast zumuten konnte, alte und unnütze Sachen überall („Könnte man ja noch mal brauchen") und dazu diverse Frustkäufe, viel zu viel „Kauf auf Vorrat" (Kosmetik, Lebensmittel) und ein Mann, der so ziemlich jedes Kabel und jedes Festival-T-Shirt der Welt hortet.

Geht es Ihnen ähnlich?

Unser Besitz wird immer mehr zum Ballast, schränkt uns ein, raubt uns die Luft zum Atmen. Wir haben uns nach dieser Erkenntnis gegenseitig an der Hand genommen und gemeinsam ein Diätprogramm für unsere Wohnungen aufgesetzt. Unser Motto:

Zeit für eine Dinge-Diät!

Und ich habe dann unsere Erkenntnisse und Methoden aufgeschrieben, auf dass auch Sie davon profitieren können. Nicht, dass es nichts zu dem Thema gäbe, aber irgendwie waren die meisten Ratgeber, die uns begegnet sind, entweder sehr formalistisch, nur zum Teil passend oder einfach praxisfremd. Die Erfahrungen unserer kleinen Selbsthilfegruppe sollen Ihnen Denkanstöße und Hilfen liefern und Ihnen zeigen: Sie sind nicht allein und manchmal hilft schon eine Prise Humor über das Schlimmste hinweg, bevor Sie loslegen – mit Ihrer Dinge-Diät.

Viel Spaß beim Lesen und viel Erfolg beim Umsetzen!

Ihre Inge Dinge

PS. Besuchen Sie mich doch mal im Internet auf ingedinge.de.

Für Ihre Notizen:

TEIL I.

WENN DER SPECK ZU VIEL WIRD

Jede Diät beginnt mit einem Entschluss:

Die Kilos müssen runter!

Das gilt auch für unsere Dinge-Diät. *(Ja, ja, lachen Sie ruhig, dass ich als Namensgeberin herhalten musste. Haben die anderen und mein Mann auch.)*

Der Konsumspeck muss also weg, der sich im Laufe der Zeit in Ihrem Heim angesammelt hat. Doch was ist überflüssiger Speck und was ist notwendige Substanz, was brauchen Sie zur Aufrechterhaltung Ihres Alltags, was ist sinnvoller Besitz, was hilft Ihnen und was nervt Sie, blockiert Sie, verursacht Ihnen negative Gedanken und Gefühle?

Erste Erkenntnis in unserer kleinen Runde: *Es gibt nicht den einen Problembereich!*

Was bei mir Lebensmittel, Klamotten und Kabel sind, sind bei Vera die Schuhe und bei Moni ist es eigentlich alles. Petra hat irgendwann entdeckt, dass sie Zeitschriften, Artikel, Briefe und alte Dokumente hortet. Und als Karla versucht hat, mit ihrem Mann über die Idee der Dinge-Diät zu sprechen, gab es erst mal heftige

Kompetenzstreitigkeiten. Aber das ist ganz normal. Jeder hängt an seinem Besitz, selbst wenn der mehr belastet als erfreut. Verlustangst und so. Aber das geben wir natürlich genauso ungern zu wie die Tatsache, dass wir den meisten Kram seit Monaten und Jahren nicht mal angepackt haben.

Nachdem wir alle schon häufiger vergeblich versucht hatten, „einfach mal auszumisten", haben wir uns gefragt, warum das so nicht funktioniert. Und was wir anders machen müssten.

Warum einmaliges Entrümpeln keine Lösung ist

Moni brachte es auf den Punkt: „Früher bin ich immer mal wieder mit dem großen Müllsack durch die Wohnung getigert. Aber erstens fällt das spontane Wegwerfen verdammt schwer, zweitens traue ich mich an die wirklichen Klöpse gar nicht ran und drittens gibt es immer irgendeinen Grund, warum man genau *das* jetzt doch noch behalten sollte, oder es findet sich irgendjemand, der das ganz sicher irgendwann noch mal brauchen wird. Ach ja: Und jeder freie Platz füllt sich in kürzester Zeit eh wieder mit neuem Kram an. Da habe ich irgendwann resigniert."

Das kennen wir eigentlich alle: Irgendwann packt einen der Wahn, man nimmt sich vor, jetzt aber so richtig klar Schiff zu machen. Und nach ungefähr 15 Minuten lässt der Elan nach. Die minimalen Resultate lösen sich binnen kürzester Zeit in nichts auf, erst recht, wenn Männe dann seine verschlissenen und zu kleinen T-Shirts aus dem Müllsack zieht und den ganzen Abend stur Sport schaut und kein Wort redet.

Karla hatte noch einen wichtigen Hinweis: Sie traut sich gar nicht, etwas wegzuwerfen oder wegzugeben, weil sie die Verantwortung nicht allein tragen will. Aber wenn man sich immer nur auf den kleinsten gemeinsamen Nenner einigt, dann wird der Tabu-Berg immer größer.

Unsere Dinge-Diät musste das Problem also strategischer angehen. Einsicht statt Aktionismus, Kooperation statt Konfrontation, Nachhaltigkeit statt Einmaligkeit. *Veränderungen erfordern Taten, aber auch Planung und (Selbst-)Erkenntnis.*

Die Recherche

Nun sind wir ja zweifellos nicht die Ersten und Einzigen, die unter dem Problem leiden. Wir haben also erst mal auf eigene Faust recherchiert und nach Lösungen gesucht. Bücher zum Thema Aufräumen, Entrümpeln und Ausmisten gibt es viele. Aber ein großer Teil davon ist entweder von ausgesprochenen Ordnungsdrachen verfasst oder tut so, als würde jeder die gleichen Bedürfnisse haben oder vollkommen allein leben. Auf der anderen Seite gibt es ein paar wirklich nützliche Ratgeber, die dann oft auch weiter gehen: Vereinfachung, Downshifting, Minimalismus.

Petra, die eigentlich jede Zeitschrift, jede Website und jedes Weblog zum Thema „Schöner Wohnen“ kennt, hat dann eine Liste nützlicher Websites zum Thema zusammengestellt (die Liste finden Sie im Anhang).

Und irgendwann haben wir uns in unserem Lieblingscafé getroffen und darüber geredet, dass wir endlich etwas tun sollten, bevor uns wieder der Mut verlässt und wir uns endgültig damit abfinden, dass unser überflüssiger Besitz uns komplett unterjocht hat.

Wir wollten Nägel mit Köpfen machen. Nicht einfach ein paar Artikel und Bücher lesen, sondern tatsächlich auch etwas umsetzen. Aber was? Schon unsere Gespräche hatten gezeigt, dass jede von uns andere Problemzonen hat und an unterschiedlichen Stellen unterschiedlich viel abspecken will. Zudem waren die Ausgangssituationen ziemlich breit gestreut: Von der Drei-Zimmer-Single-Wohnung bis zum Haus mit Garten und der Familie mit pubertierender Tochter war alles vertreten. Keine ideale Ausgangsposition für die „One size fits all"-Universallösung.

Das brachte uns schließlich auch auf die Parallele zur Diät: Eine Diät soll ja auch möglichst gut auf unterschiedliche Personen und Lebenssituationen anpassbar sein, ist es aber (wie auch viele Entrümpelungsratgeber) oft gerade nicht. Zugleich aber war doch unsere ganz unterschiedliche Erwartungshaltung und Ausgangssituation auch eine tolle Chance: *Wir könnten voneinander profitieren und endlich mal ein paar Methoden und Konzepte sammeln, die uns allen brauchbar erscheinen und aus denen sich jede das heraussuchen kann, was für sie besonders geeignet erscheint.*

Daraus entwickelte sich ein lustiger Wettbewerb zwischen uns, bei dem es allerdings nie darum ging, die anderen auszustechen, sondern sich gegenseitig zu motivieren und zu neuen Erfolgen anzustacheln. Heute sind wir überzeugt davon, dass das der eigentliche Erfolgsfaktor unserer kleinen Selbsthilfegruppe ist.

Der Einstieg: Sieben Dinge in sieben Tagen

Uns war schnell klar, dass wir uns irgendwann den wirklich üblen Verstecken stellen müssten, die jede von uns irgendwo im Geheimen hat: der Schrank, den man gar nicht öffnet, weil einem dann schon alles entgegenquillt, die Schubladen mit Tausenden kleinen Dingen, die man gar nicht in die Hand nehmen mag, die grauenvollen Verstecke unter dem Bett und auf dem Kleiderschrank und – natürlich – Keller, Speicher oder Hobbyzimmer. (Wir haben festgestellt, dass wir alle ein Hobbyzimmer oder doch eine Hobbyecke haben, die für alles genutzt wird, nur nicht für Hobbys – es sei denn, man definiert „unsinnige Dinge ansammeln" als neues Hobby.)

Okay, das wäre aber für den Beginn dann doch ein wenig heftig gewesen. Petra kam jedoch mit einer tollen Idee an, die sie im Internet entdeckt hatte: *Jede von uns sollte erst einmal in den kommenden sieben Tagen sieben persönliche Dinge heraussuchen, die am Ende der Woche auf den Müll wandern.* Entrümpeln light, sozusagen.

Hört sich harmlos an, also haben wir alle zugestimmt. Nach einer Woche berichteten wir stolz, was wir gesammelt hatten: einen Stapel von sieben zerlesenen Taschenbüchern, ein paar eingetrocknete Nagellacke, ein paar Sachen, die eh kaputt waren, ein Schal, den Vera schon immer hässlich fand (und den ihr Moni gleich abschnorrte). Keine wirklich gravierenden Fortschritte.

In der folgenden Woche haben wir das Experiment dann wiederholt, allerdings mit verschärften Regeln. Dinge, die ohnehin kaputt sind, zählen nicht. Gleiche Gegenstände (Bücher, CDs, T-Shirts) zählen nur einfach. Und man darf nicht zwei Wochen hintereinander gleiche Gegenstände ausmisten (doch, darf man natürlich – aber sie zählen dann nicht zu den sieben Dingen).

Wir haben diese Übung übrigens bis heute beibehalten, wobei es von Woche zu Woche schwieriger wird. Aber bis man so die ganze Wohnung durch hat, ist man längst unter der Erde. Außerdem zeigt sich ziemlich schnell, dass man blinde Flecken hat: *So, wie man die eigenen Speckröllchen gerne übersieht, übersieht man auch viele naheliegende Abspeck-Dinge.*

Also mussten wir härtere Geschütze auffahren. Zeit für eine umfassende Bestandsanalyse.

Die Begehung

Der erste Schritt der Dinge-Diät auf dem Weg zu weniger Speck ist die Analyse:

Was mögen Sie und brauchen Sie, was kann oder muss weg?

So wie Ihr Personal Trainer einen kritischen Blick auf Ihre Figur wirft, Sie vermisst, auf die Waage stellt und die Körperfett-Werte bestimmt, so brauchten wir auch erst mal eine Bestandsaufnahme als Voraussetzung für eine erfolgreiche Dinge-Diät. Und schnell ist uns klar geworden, dass das mit dem Personal Trainer gar nicht so dumm ist. Man selbst hat nämlich nicht nur eine ziemlich verzerrte Wahrnehmung des eigenen Körpers, sondern auch der eigenen Wohnung und der diversen Problemzonen.

Nach einigem Hin und Her haben wir uns dann zu gemeinsamen Wohnungsbegehungen entschlossen – ganz ohne Tabus. Zugegeben: Da war erst mal eine Menge Überzeugungsarbeit zu leisten und Ängste waren abzubauen. Aber es war notwendig und hat sich gelohnt. Aber dazu später mehr.

Wenn Sie schon mal eine Wohnungsübergabe gemacht haben, dann können Sie sich ungefähr vorstellen, wie unsere kleine Truppe durch die Wohnungen und Häuser gezogen ist und in jedem Zimmer den Konsumspeck für eine notwendige Diät identifiziert hat. Nur: Eine Wohnung übergibt man in der Regel geleert. Hier geht es ja gerade darum, das Ganze im bewohnten Zustand zu betrachten. *In situ*, wie Karlas Mann sagen würde.

Petra hat uns alle mit toll gestalteten, ausgedruckten Tabellen versorgt. Zudem haben wir unsere Digitalkameras mitgenommen und Fotos gemacht, um auch später noch über die Problemzonen reden und sie uns vorstellen zu können. Aber im Grunde brauchen Sie nur einen DIN-A4-Block und einen Stift, optional eine Kamera.

Nehmen Sie den Block quer und legen Sie für jeden Raum separat auf einem eigenen Blatt eine Tabelle an:

Raum: **Datum:**

Problem-Ding	**Was tun?**	**Termin**	**Notizen**	**Erledigt?**

Bei unserer gemeinsamen Begehung ging es nur um eines: Was könnten die Problempunkte in dem jeweiligen Raum sein?

Die meisten Spalten der Tabelle bleiben also erst mal leer! Ausgefüllt wird auf jeden Fall die erste Spalte für all die Dinge, die Aufmerksamkeit benötigen. Wenn jemand von uns gleich eine clevere Idee hatte, wurde das natürlich auch sofort notiert. (So kannte Moni einen Secondhand-Laden der Caritas für Klamotten, wo ich einiges von mir loswerden konnte. Da bekommt man zwar nichts für seine Sachen, aber es gibt mir ein besseres Gefühl als der Müllsack oder die normale Altkleidersammlung.)

Vor allem aber ist wichtig: *Keine voreilige Kritik, aber auch keine Rechtfertigungsorgien!*

Damit niemand mogelt, haben wir vereinbart, dass die Wohnungen nicht vorher aufgeräumt werden durften. Das hätte ja auch dem Sinn des Ganzen widersprochen. Zudem haben wir ganz kurzfristig entschieden, welche Wohnung wann an der Reihe war, sodass sich niemand zu sehr vorbereiten konnte. Ach ja, noch ein Tipp: Wir haben uns immer zwei Wohnungen an einem Tag vorgenommen. Das hilft, weil dann nicht eine von uns total im Rampenlicht stand und sich „geoutet" fühlte. Vielleicht sollte ich noch erwähnen, dass wir alle freiwillig mitgemacht haben, weil wir an die Vorteile glauben und klare Ziele mit unserer Dinge-Diät verbinden. Also kein „Überfall-Kommando“, keine Angst!

Los gings. Wir waren jede mit einem Block bewaffnet und haben uns erst mal unabhängig voneinander Notizen gemacht. (Dank an Vera, die die Idee dazu hatte, sonst wäre vermutlich schon die Besichtigung der ersten paar Zimmer in eine endlose Diskussion ausgeartet.)

Petra hat das Prozedere gut zusammengefasst, bei einer solchen Begehung die Wohnung ganz bewusst und aus der *Perspektive eines Außenstehenden* wahrzunehmen:

> „Stellen Sie sich vor, Sie stehen nun vor der Wohnungstür oder dem Hauseingang und noch bevor Sie eintreten, registrieren Sie bereits die ersten Gegenstände: die Türmatte, das Klingelschild, vielleicht hängt oder klebt etwas an der Tür. Nun gehen Sie durch die Tür, betreten das Vorzimmer oder den Flur. Was sehen Sie? Schauen Sie sich bewusst jeden Gegenstand an. Gibt es eine Garderobe? Was befindet sich dort? Was sehen Sie noch? Einen Schuhschrank? Ein Schlüsselbrett? Vielleicht einen Schrank, eine Kommode? Öffnen Sie die Türen, die Schubladen, schauen Sie rein.
>
> Sie gehen weiter, Bad, WC, Wohnzimmer, Kinderzimmer, Schlafzimmer, Küche ... Keller, Dachboden, Garage, Garten ... Immer wieder fallen Ihnen Bereiche auf, die angesammelt wirken. Manches wirkt überladen, zu viel, fehl am Platz. Es geht um das *was*, *wie viel* und *wo*... aber erst mal nicht um das WARUM. Machen Sie Fotos und notieren Sie auf dem Block, was Ihnen auffällt.“

Wir haben uns anschließend mit unseren Blöcken wieder in unser Lieblingscafé begeben, unsere Beobachtungen verglichen und zusammengetragen. Dabei waren auch die Fotos sehr wertvoll. Mir persönlich hat es auch geholfen, nicht am „Tatort“ zu stehen und kritisieren (bzw. rechtfertigen) zu müssen, sondern eine räumliche Distanz zu haben.

Wenn Sie bei Ihrem eigenen (vielleicht auch nur gedanklichen) Rundgang das Gefühl haben, das wird Ihnen alles zu viel, das ist alles viel zu viel Zeug, das erdrückt Sie regelrecht – dann wissen Sie, wie es uns ging.

Man fühlt sich manchmal erschlagen von all dem Krempel. Ob 60 oder 360 Quadratmeter Wohnfläche – der Platz füllt sich an und nimmt uns Freiraum, ja, sogar die Luft zum Atmen. Wie oft habe ich bei unserer Begehung (auch meiner eigenen Wohnung) alles mit anderen Augen gesehen und gedacht: „Wahnsinn, was hier alles rumliegt!“ oder „Was, das hab ich auch?“ Und dieses Gefühl lähmt, blockiert, frustriert. Zeit für eine Veränderung. Zeit für eine Diät. Die Dinge-Diät. Entrümpeln und loswerden, Ballast abwerfen, sich befreien, frei werden.

So, kommen Sie mit und werfen Sie einen voyeuristischen Blick auf die Abgründe in anderer Leute Wohnungen. (Natürlich nur zu Lernzwecken, klar!)

Für Ihre Notizen:

TEIL II.

DIE HÄUSLICHEN PROBLEMZONEN ERKENNEN

Welche Räume und Bereiche in Ihrer Wohnung sind Ihre größten Problemzonen?

Ein verräterisches Zeichen ist oft, wenn Sie die Türen zu bestimmten Räumen geschlossen halten oder spätestens dann schließen, wenn sich Besuch angekündigt hat. Räume, auf die wir stolz sind, zeigen wir auch gerne. Dort aber, wo wir uns selbst unwohl fühlen, verschließen wir gerne die Augen – oder zumindest die Tür.

Natürlich kenne ich Ihre Wohnung oder Ihr Haus nicht. Deshalb möchte ich Sie auf eine kleine Rundreise zu den Entdeckungen und Erkenntnissen unserer Wohnungsbesichtigungen einladen. Sie werden Räume und Problemzonen kennenlernen, die für unsere kleine Runde typisch und symptomatisch waren – und vielleicht werden Sie sich in manchen Beschreibungen wiederfinden. Dazu gibt es Tipps und Anregungen, die Dinge-Diät jeweils praktisch umzusetzen, auszumisten und manches neu zu organisieren.

Vier wichtige Punkte habe ich durch unsere Wohnungsbesichtigungen erst so richtig begriffen:

1. *Alle wichtigen Dinge haben ihren angestammten Platz.* Was nicht an seinem Platz ist, verursacht Chaos.

2. *Jeder Raum erfüllt eine Funktion.* Überfrachtet man ihn, dann kann er seine Funktion nicht optimal erfüllen.

3. Alle Dinge, die man besitzt, fallen in eine von drei Kategorien: *Sie sind wirklich nützlich (bzw. notwendig), sie sind emotional wichtig – oder sie sind überflüssig.*

4. *Ungefähr zwei Drittel* der Sachen, die ich früher als nützlich betrachtet habe, *sind in Wirklichkeit überflüssiger Ballast.*

Nun denn, auf zu unserer Entdeckungsreise.

Eingangsbereich

Für Gäste ergibt sich der erste Eindruck schon vor dem Betreten der Wohnung: Haustür, Eingangsbereich und oft auch die Wohnungstür erzählen eine Geschichte, die man als Bewohner oft nur in Grenzen beeinflussen kann. Wenn allerdings der Müllsack auf dem Hausflur steht oder sich ein wilder Haufen Schuhe vor der Wohnungstür türmt, dann beeinflusst das ebenso den ersten Eindruck wie der Zustand und die Art der Fußmatte, mögliche Dekoelemente oder auch der Zustand von Tür, Klingel und Briefkasten.

Aber nicht nur Gäste erhalten hier einen ersten Eindruck – auch man selbst wird jeden Tag aufs Neue durch die Stimmung und Atmosphäre beeinflusst, ob es uns nun bewusst ist oder nicht.

Bei unseren Begehungen haben wir sehr sterile Wohnungstüren in großen Wohnblöcken ebenso gesehen wie Karlas liebevoll gestalteten, mit Figuren, Windspielen, Laternen und fröhlichen Willkommensbotschaften überfrachteten Eingangsbereich bei ihrem Haus. Einen merkwürdigen Eindruck hinterließ die Kreidebotschaft der

Sternsinger bei Petra – vor allem deshalb, weil die laut Jahreszahl schon über drei Jahre alt war. Sie hat uns dann erklärt, dass in den vergangenen Jahren die Sternsinger entweder nicht da waren oder sie sie verpasst hat, sie aber die Segnung nicht einfach abwischen wollte.

Kritik hat Vera hinnehmen müssen: Sie hat vor ihrer Tür eine ehemals nette Figur stehen, aber die war inzwischen verstaubt, voller Spinnweben und sah überhaupt ziemlich mitgenommen aus. In einem solchen Fall ist weniger eindeutig mehr!

Übrigens: Selbst die Klingel kann zur Qual werden, wenn der Klingelton zu nervig ist.

Wie sieht es bei Ihnen aus? Was hat der Eingangsbereich zu bieten? Würden Sie sich als Besucher bei sich selbst wohlfühlen? Oder ist auf den zweiten Blick deutlich, dass hier Optimierungsbedarf besteht? Notieren Sie Ihre Gedanken in Ihrer Tabelle und machen Sie Fotos. Die sind auch wichtig für den Vorher-nachher-nachher-Vergleich. (Das ist kein Schreibfehler, wie Sie später und in unserer kleinen Sammlung von Rezepten und Übungen zur Dinge-Diät sehen werden.)

Flur, Vorzimmer

Weiter gehts. Die Wohnungstür öffnet sich und wir betreten das Vorzimmer bzw. den Flur. Diese sind oft sehr Dinge-belastet, sind aber entscheidend nicht nur für den Eindruck, den Gäste von uns bekommen, sondern auch für uns selbst: Wenn wir unsere Wohnung, unser Heim betreten, sollten wir uns willkommen, zuhause und geborgen fühlen. Dieser Raum fungiert sozusagen als Puffer zwischen dem unpersönlichen „Draußen" und dem persönlichen Lebensraum. Wenn wir uns selbst nicht willkommen fühlen, dann kommt keine gelöste Stimmung auf. Hier legt man die Straßenkleidung ab, zieht sich die Schuhe aus, das hat also auch sehr starken symbolischen Charakter, man betritt sein eigenes Reich und signalisiert auch Besuchern eine Menge.

Vera hatte ihren Schuhschrank, oder besser die überquellende Schuhsammlung davor, ja schon als Horrorszenario geschildert. Ablage, Garderobe, Schränke, Schirmständer, Schlüsselkasten oder Schlüsselbrett: Im Flur oder Vorzimmer sammelt sich häufig alles, was man schnell ablegen will, wenn man in die Wohnung kommt, und was man schnell griffbereit haben will, wenn man rausgeht. Je mehr Personen in der Wohnung leben, umso schneller kommt es hier zum Chaos. Und wenn es dann auch noch einen Hund gibt, sammeln sich auch Leinen, Beißkörbe, Hundespielzeug und mehr an.

Da Vorzimmer oder Flur aber zugleich die ersten Bereiche sind, die man betritt, tendieren wir auch dazu, diesen Bereich freundlich zu gestalten und zu dekorieren. Unsere kleine Begehung hat gezeigt, dass viele von uns versuchen, diesen Raum mit Blumen, Bildern, Läufern und sonstigem Dekokram zu verschönern und so den ersten Eindruck zu verbessern. Aber schauen Sie genauer hin: Oft handelt es sich im wahrsten Sinne nur um Staubfänger. Vor allem aber wird die gute Intention zunichtegemacht, wenn sich der Raum anderweitig als unaufgeräumt, chaotisch und überfrachtet präsentiert.

Häufig lautet dann die Lösung, noch einen Schrank aufzustellen oder den Raum unter der Treppe auch noch zum Einbauschrank zu machen. Endlich mehr Platz für Schuhe, Sportsachen, Spielzeug, alte Zeitschriften, Schachteln voller Krimskrams, Müllbeutel und den Staubsauger? Leider ist das nur Herumdoktern an Symptomen: „Aus den Augen“ heißt zwar auch erst mal „aus dem Weg“ und zusätzlicher Stauraum suggeriert manchmal mehr Ordnung, aber zugleich wird der Raum noch enger und wirkt noch bedrückender.

Viel wichtiger ist es, die Funktionalität des Raumes zu verstehen und zu unterstützen: Es ist ein Eingangsbereich, kein Lagerraum! Es gehört also auch nichts dort hin, das nicht in den kommenden zwei bis drei Wochen wirklich beim Verlassen der Wohnung benötigt wird – und dieser Zeitraum bezieht sich nur auf persönliche Dinge, die wetter- oder anlassbedingt immer wieder gebraucht werden. Keinesfalls sollte der Vorraum oder Flur zum unorganisierten Zwischenlager oder Sammelplatz für Müll, Altpapier, Leergut und anderes werden. Und auch die Winterjacke hat im Sommer dort nichts verloren.

Und sorry, Petra: Aber ich finde noch immer, dass die Hundeleinen weggeräumt gehören, auch wenn ihr euch „demnächst" einen neuen Hund anschaffen wollt.

Ist das Vorzimmer aufgrund seine Möblierung ein extremer Stauraum, dann stauen sich dort nicht nur Dinge, sondern auch die Energie. Daher kann ein Ausmisten schon hier sehr viel an positiver Veränderung bringen.

Es sollte möglichst wenig frei herumliegen, denn das verstaubt hoffnungslos und verströmt bald Trostlosigkeit. Schuhe, die man nur selten trägt, gehören in einen geschlossenen Schuhschrank. Auf vielen Garderoben hängen oft Jacken jahrelang, die man nie anzieht, alte Schirme gammeln für irgendwelche Notfälle, die nie eintreten, vor sich hin, Schals und Handschuhe lagern im Sommer auf der Hutablage und sind ein gefundenes Fressen für Motten.

Die wichtigsten Fragen für diesen Raum sind daher:

- *Gehört das eigentlich hier hin?*
- *Ist das überhaupt noch nützlich?*

Schauen Sie sich Ihren Flur oder Vorraum einmal genauer an und notieren Sie in der Liste alles, was Ihnen auffällt oder Unbehagen verursacht. Aber es ist auch sinnvoll, nicht gleich in hektische Betriebsamkeit zu verfallen: Dann ändert sich nämlich dauerhaft gar nichts. *Wichtig ist es, praktikable Lösungen zu finden – Nachhaltigkeit statt Aktionismus.*

Bad, WC

... und in Bad und WC ist alles okay. Nein, leider bei uns nicht. Hier haben sich bei allen verschiedene Problemzonen und Abspeck-Möglichkeiten gezeigt. Wie sieht es bei Ihnen aus: Ist wie in der Werbung bei Ihnen in Bad und WC alles okay?

Fangen wir mal mit den Kosmetikvorräten und Pflegeprodukten an: Warum brauche ich eigentlich über zwanzig verschiedene Lippenstifte, von denen ich mindestens fünfzehn wegen der Farbtöne beziehungsweise Konsistenzen gar nicht leiden kann? Ob Lippenstifte, Lidschatten, Rouge und Mascara, Zahnpasta, Seifen, Duschgel oder Haarfärbemittel: Niemand, echt niemand von uns könnte den ersten Stein werfen. Wir hatten alle zu viele angefangene Produkte, zu viele Backups (Vera: „Ich kriege das Zeugs so schlecht, da kaufe ich lieber gleich fünf oder sechs Packungen, wenn es vorrätig oder günstig ist.“) und zu viel durcheinander. Besonders schlimm wird es, wenn man einen Mann hat, der den Errungenschaften der modernen Männerkosmetik seinen Tribut zollt – oder eine pubertierende Tochter, wie Petra. *Puh.*

Hinzu kommt noch, dass viele dieser Produkte recht klein sind und entweder kreuz und quer durcheinander auf der Ablage liegen oder aber in irgendeinem Schlampermäppchen, in das alles reingeschmissen wird, was geht, und in dem man nie mehr etwas wiederfindet, wenn es darauf ankommt. Wenn also Bad und Toilette nett und nicht wie ein Saustall aussehen sollen, ist ein wenig Disziplin und Ordnung nötig.

Wie viele Rasierer braucht ein Mann wohl? Und wie viele nicht funktionierende Rasierer haben etwas im Bad verloren? Da ist wohl mal Zeit für ein ernsthaftes Gespräch.

Auch Reinigungsmittel samt dem üblichen Putzzubehör begegneten uns in den verschiedensten Bädern, meist versteckt in Schränken, die so vollgestopft waren, dass beim Ausräumen immer neue Flaschen, Tuben und Tiegel sowie Lappen in allen Größen zum Vorschein kamen.

Meine Mutter hat mir beigebracht, dass man löchrige Bettbezüge und Handtücher zerschneiden und als Putzlappen weiternutzen kann. Aber mal ehrlich, sind die modernen Mikrofasertücher nicht wesentlich besser zum Reinigen und Polieren unserer glänzenden Oberflächen geeignet als diese abgegammelten Flusen- und Schlierenproduzierer?

Im Bad halten sich auch gern staubfangende Dekogegenstände auf: Seifentiere vom Weihnachtsmarkt, Seesterne und Keramikleuchttürme vom vorletzten Ostfrieslandurlaub, Porzellanfische als Seifenschalen oder lustige Badeentchen ... bis zu den Gästehandtüchern, die Petra vermutlich seit Jahren dort akkurat platziert hat, obwohl sie normalerweise eh keinen Besuch in die Wohnung lässt.

Hochwissenschaftlich haben wir auch festgestellt, dass 60 Prozent der Weltbevölkerung (naja, drei aus unserer fünfköpfigen nichtrepräsentativen Stichprobe) ihre Notfallapotheke im Bad haben. Bitte: Wann haben Sie zum letzten Mal auf das Haltbarkeitsdatum der Medikamente geschaut und geprüft, ob das Pflaster überhaupt noch klebt? Zeit zum Ausmisten und für manche Ersatzbeschaffung. Petra hatte übrigens einen nützlichen Hinweis: Im Auto befindet sich ein ebenfalls oft stiefmütterlich behandelter Verbandskasten (mit Ablaufdatum, welches bei Polizeikontrollen auch überprüft wird). Also besser diesen regelmäßig erneuern und die noch brauchbaren Inhalte in die Hausapotheke geben.

Offenbar gibt es zudem eine Partnerschaft zwischen Schmutzwäschekörben und Waschmaschinen, vor allem, wenn sich letztere im Bad befinden. Doch anstatt als Zwischenlager für Schmutzwäsche zu dienen, werden Schmutzwäschekörbe offenbar gerne als Daueraufbewahrungsort für Dinge genutzt, die man irgendwann mal mit der Hand waschen wollte, was man aber erfolgreich verdrängt. Und dann findet man oft nach Jahren auf dem Grunde des Wäschekorbs ganz überraschend das nie vermisste Stück.

Und schließlich der Lesestapel neben dem Klo. Ich habe neuerdings ja einen E-Book-Reader und deshalb sieht mein stilles Örtchen nicht (mehr) aus wie die örtliche Leihbibliothek oder das Wartezimmer beim Arzt. Das war bei manchen gaaaanz anders. Doch der sieben Wochen alte Rewe-Prospekt eignet sich auch nicht wirklich, wenn das Toilettenpapier mal zur Neige geht. Dafür wäre zumindest in einem Fall die Ersatzrolle im Keller gewesen – auch nicht wirklich praktisch, oder?

Nun gut: Auf unsere Liste kommt alles, was in Bad und WC in mehrfacher Ausführung herumsteht und herumliegt oder einfach dort nichts zu suchen hat. (So fand Moni eine lange verschollene Sonnenbrille in ihrem Kulturbeutel.)

Manche Sachen haben wir auch gleich weggeworfen oder entsorgt, zum Beispiel den ganzen gammligen Kleinkram aus dem Spiegelschrank, abgelaufene Medikamente (Sondermüll!) und alte, eingetrocknete Kosmetika.

Wenn in der Schmutzwäsche-Aufbewahrung diverse alte Sachen lagern: radikal wegwerfen. Wenn es sich um heikle Wäsche handelt, die man endlich mal per Handwäsche erledigen sollte: endlich erledigen, ansonsten weggeben, das wäscht man nämlich nie.

Angebrochene und gammelige Kosmetik-, Pflege- und Reinigungsprodukte, deren Haltbarkeit längst abgelaufen ist, entsorgen! Zahnpastatuben mit Restinhalt drückt man ohnehin nie wirklich aus, wenn eine neue Tube daneben steht – also weg damit. Statt fünfzig alten Putzlappen tun es auch ein paar waschbare Mikrofasertücher für unterschiedliche Einsatzbereiche.

Und Ablageflächen sind für die kurzzeitige Ablage gedacht, nicht als dauerhafter Stauraum. Nur Handwaschseife, Zahnputzbecher, Zahnbürste, Kamm oder Bürste und ggf. Rasierer sollten rasch zugänglich sein – und wer einen Spiegelschrank hat, kann jedenfalls auch Kamm, Bürste und Rasierer darin verstauen.

Was ich gelernt habe: Medikamente gehören nicht ins Bad! Die hohe Luftfeuchtigkeit beim Baden oder Duschen ist nämlich Gift für die Haltbarkeit. Und im Fall des Falles kommt es auch zu weniger Verwechslungen, wenn die Medikamente wirklich komplett separat von den Pflege- und Reinigungsmitteln aufbewahrt werden. Denn Nagellackentferner ist zur Wunddesinfektion nicht wirklich empfehlenswert!

Schlafzimmer

Das Schlafzimmer – vielleicht der privateste Raum in der ganzen Wohnung. Aber hier verbergen sich oft eine ganze Menge Speckpölsterchen. Bei fast allen von uns war der Kleiderschrank ein Hort überflüssiger Wohlstandspfunde. Manchmal zeigt sich das Problem schon, weil Wäsche und Klamotten im wahrsten Sinne aus Schränken und Schubladen quellen und es sich in Stapeln auf freien Flächen bequem machen. Aber der Reihe nach.

Wir waren natürlich extrem neugierig, die Schlafzimmer der anderen zu sehen. Und natürlich hatte die jeweilige Wohnungsbesitzerin hier vorher ein wenig aufgeräumt. So gab es leider keine kleinen, frivolen Skandälchen. Aber schon die Schlafzimmer von uns fünfen waren ziemlich unterschiedlich – vom reinen Schlaf- und Kleiderstauraum bis zum kombinierten Schlaf-Wohn-Activity-Center samt

Sportgeräten, Fernseher und Spielekonsole. (Sorry, uns sind keinerlei großflächige Spiegel begegnet ;-))

Das Schlafzimmer bietet fast immer mehr Speck, als auf den ersten Blick erkennbar ist: Ganz beliebt ist der Stauraum unter dem Bett und auf dem Kleiderschrank. Und natürlich ist oft auch der Nachttisch eine wahre (P)Fundgrube.

Wir haben erst mal die direkt sichtbaren Problemzonen unter die Lupe genommen: freie Flächen, die eben nicht frei sind, sondern mit allem Möglichen vollgestellt, Wäsche-, Bücher- und Zeitschriftenstapel, Klamotten, die am statt im Schrank hängen, offen herumstehende Kosmetik, die eigentlich besser im Bad aufgehoben wäre, und so weiter.

Und ein weiterer wichtiger Punkt, den ich nicht erwartet hatte und der vor allem Singles zu betreffen scheint: Was liegt alles im Bett? Da haben wir alles vom Notebook über die unvermeidlichen Bücher und Fernbedienungen bis hin zu Süßigkeiten und Unmengen von Kuscheltieren und Kissen gefunden. Solange das nicht stört und zum Wohlbefinden beiträgt, ist es okay. Aber wenn es behindert, weil man selbst nicht mehr durchblickt oder sich die Bücher in gefährliche Höhen stapeln, läuft etwas falsch. Dann fühlt man sich auch nicht mehr wohl, was gerade im Schlafzimmer fatal ist, da man hier den Tag beginnt und auch wieder beendet. Das Erste und das Letzte, das man am Tag sieht, befindet sich also in diesem Raum, weshalb man ihm besondere Aufmerksamkeit schenken sollte. Daher sind auch ein wenig Deko und vielleicht ein paar freundliche Farben gar nicht schlecht.

Schlecht aber ist ist auf jeden Fall, wenn der Kleiderschrank (wir haben auch Schlafzimmer mit mehreren Kleiderschränken und sogar begehbaren Garderoben gesehen) aus allen Nähten platzt. Hier darf man sich auch nicht mit einem groben Überblick zufriedengeben: Wir haben alle vorgefundenen Schränke, Kommoden und

Schubladen komplett ausgeräumt, inventarisiert und wieder eingeräumt. Das machen Sie bitte ebenfalls, auch wenn es mühsam ist, aber nur so können Sie sich einen echten Überblick verschaffen.

Dabei sind Dinge zutage gekommen, von denen selbst die Besitzerin gar nichts mehr wusste. Und wir haben genau Buch geführt, wie viele Kleider, Blusen, Pullover, Röcke, Hosen, Strümpfe, Handschuhe, Schals, Slips, T-Shirts, Tischdecken, Hand- und Badetücher, Waschlappen, Schuhe etc. wir gefunden haben. Die „guten", aber nie verwendeten gestärkten weißen Tischdecken und die weihnachtlich und österlich bestickten Decken fanden sich fast immer hinten in der zweiten oder dritten Reihe. Bei Karla fanden wir nicht ein, zwei oder drei, sondern gleich neun verschiedene komplette Karnevalskostüme von ihr und ihrem Mann!

Nun kann man darüber streiten, wie viele Klamotten, Hand- und Badetücher, Tischdecken und wie viel Bettwäsche man wirklich benötigt. Aber wir hatten alle, wirklich alle, hoffnungslos zu viel davon. Vor allem war eigentlich immer eine Vierteilung zu bemerken:

- *die Sachen, die man gerne und ständig trägt,* liegen oder hängen in Griffweite – oft sogar einfach auf irgendeinem Hocker;
- *die Sachen, die nur für besondere Gelegenheiten sind* (sei es saisonal, wetter-, anlass- oder berufsbezogen) liegen separat, aber auch vorne;
- hinten haben sich die *Sachen angesammelt, die seit Jahren nicht mehr genutzt wurden* – und die oft auch gar nicht mehr passen (Größe, Stil) – hier unbedingt den Funktionstest (siehe Übungen und Rezepte) machen;
- *verschlissene, verwaschene, kaputte Sachen,* die man aus irgendwelchen Gründen nicht weggeworfen hat, schmuggeln sich dazwischen oder liegen in irgendwelchen Tüten hinten oder unten in den Schränken und Schubladen.

Notieren Sie erst mal und räumen Sie dazu wirklich alles aus, um einen Überblick zu bekommen. Anschließend können Sie sortieren und Unnützes gleich in eine separate Kiste geben statt es wieder einzuräumen.

Bettwäsche

Anhand der Bettwäsche kann man sich gut vergegenwärtigen, mit wie wenig man auskommen kann. Im Grunde braucht man pro Person Spannbetttuch oder Laken, Bett- und Kissenbezug (bei mehreren Kissen je ein Bezug) – und das in doppelter Zahl, damit ein Set in die Wäsche kann. Alles darüber hinaus ist quasi Luxus.

Natürlich ist es nett, im Winter einen wärmeren Bezug zu haben als im Sommer. Und natürlich freut man sich auch über ein wenig Abwechslung – aber das sollte dann dem Wohlbefinden dienen.

Karla hatte derart viele Bettbezüge, dass manche noch gar nicht ausgepackt waren! Wir wollten ja eigentlich bei der Begehung selbst möglichst wenig kritisieren, aber da konnte sich Vera nicht zurückhalten und meinte, dass allein diese Bettwäsche bei ihr ihren ganzen Schrank belegen würde. Worauf Karla erwiderte, so einen Schrank habe sie auch noch, unten im Keller, für die Bettwäsche, falls sie mal Gäste hätten oder in ein Ferienhaus fahren. Man konnte förmlich sehen, wie Vera die Kinnlade runterklappte. Und Karla hatte nicht übertrieben: Den Schrank gab es wirklich.

Bei Handtüchern findet man übrigens ähnliche Anhäufungen von nie genutzten und oft noch originalverpackten Stücken, die sich im Laufe der Jahre angesammelt haben. In diesem Bereich ist es wichtig, keine falsch verstandenen Ressentiments zu haben: Natürlich haben wir alle irgendwann Bettwäsche, Handtücher oder Tischdecken geschenkt bekommen, die uns so gar nicht gefallen, wir besitzen Wäsche, die vielleicht mal sehr teuer war, die aber rau und hart geworden ist oder die wir versehentlich mit unserem roten Slip gewaschen haben: Weg damit! Wir nutzen sie ja ohnehin nicht und unsere Erben werden sich auch nicht darüber freuen.

Apropos Erben: In der Zeit unserer Dinge-Diät ist eine Tante von Petra gestorben. Die gute Dame war über achtzig, hatte keine sonstigen Angehörigen mehr und so musste Petra deren Wohnung auflösen. Sie hat uns dann erzählt, wie sehr ihr das die Augen geöffnet hat, was ihr eigenes Chaos in ihrer Wohnung betrifft. Schließlich könnte ja jedem von uns jederzeit mal etwas zustoßen. Aber das war nicht das Einzige – dazu kam das ungute Gefühl, jemand anderes müsste in diesem Fall ihren „Wohlstandsmüll" für sie entsorgen. Die andere Erkenntnis war, dass sie fast nichts von den Sachen der Tante behalten wollte. Unsere Dinge-Diät hatte ihr plastisch vor Augen geführt, dass sie ohnehin viel zu viel Kram hat, den sie nie nutzt, und so spendete sie die noch brauchbaren Sachen der Tante einer Hilfsorganisation und ließ die Wohnung von einem Dienstleister räumen.

Klamotten

Auch hier gilt: Wir haben zu viele Sachen, Sachen, die uns gar nicht gefallen und die wir daher gar nicht nutzen, aber trotzdem aufheben (ja, es stimmt: Bei mir hing ein Pelzmantel, der früher meiner Oma gehörte), Sachen, an denen wir aus sentimentalen Gründen hängen und die uns oft gar nicht mehr passen, und Sachen, die man höchstens noch in der Freizeit zu Hause tragen kann.

Und es sind ja nicht nur die großen Bekleidungsstücke: Hinzu kommen auch noch all die Accessoires – Schmuck, Gürtel, Schals, Tücher, Taschen und mehr, die ja jeweils zum Outfit passen sollen. Es gibt Tage, an denen wir uns vor lauter Auswahl und Kombinationsmöglichkeiten zig mal umziehen und dann doch nichts Passendes finden („Schatz, ich brauche unbedingt eine neue Bluse!"). Stellen Sie sich mal vor, wie einfach das Leben wäre, wenn Sie gar keine Auswahl hätten. Petra meinte, sie würde sich manchmal wünschen, es gäbe hier so etwas wie Schuluniformen – dann hätte sie ungefähr 250 Diskussionen mit ihrer Tochter im Jahr weniger zu führen. Und wir wussten alle, was sie meinte.

> Moni: „Ich hätte gerne einmal bei Karl Lagerfeld oder Steve Jobs (Gott hab ihn selig) Mäuschen gespielt und in deren Kleiderschränke geschaut. Sowohl Lagerfeld als auch Jobs tragen bzw. trugen immer denselben Stil – ich meine, ehrlich, was braucht man da, wenn man immer das Gleiche trägt?
>
> Ich überlege mir immer mal wieder, ob ich mir nicht auch irgendein Standard-Outfit aussuchen sollte, dann alles fünf- oder zehnmal kaufe und meine gesamten restlichen Klamotten entsorge. Das hätte doch riesige Vorteile: kein stundenlanges Grübeln, was man zu diesem oder jenem Anlass tragen sollte, keine nagenden Zweifel, ob sich das Grün der Bluse mit dem Mantel beißen könnte. Wenn ich mich an klassische Farbkombinationen halten würde, müsste ich auch nie überlegen, ob meine Neon-Leggings jetzt gerade in oder out sind. Und kein Frust, wenn man zum Frühlingsbeginn mal wieder den hübschen Minirock rausholt – nur um festzustellen, dass man über den Winter ein paar Pfunde zugelegt hat. Und Geld würde man auch noch sparen, weil man die Sachen ja viel intensiver nutzt, insgesamt weniger Teile braucht und vielleicht beim Einkauf auch noch einen Mengenrabatt rausschlagen könnte."

Die Idee mit dem Signature-Dress könnte mir auch gefallen, aber ich konnte mich noch nicht dazu durchringen. Wir haben allerdings drei Übungen entwickelt, um herauszufinden, was an Klamotten wir wirklich benötigen:

1. *das Bestandslistenspiel:* Wie viel habe ich eigentlich wovon?
2. *den Funktionstest:* Klamotten, die wir behalten wollen, müssen wir in der Öffentlichkeit und vor uns allen einmal tragen;

3. *die 33 VIPs:* 33 Klamotten und Accessoires, die wir uns aussuchen und mit denen wir drei Monate auskommen müssen.

(Details zu den Methoden gibt es bei den *Rezepten und Übungen* am Ende des Buches.)

Machen Sie eine Bestandsaufnahme und entsorgen Sie alles, was nicht mehr passt, nicht gefällt, verschlissen oder unpraktisch ist! Was noch in Ordnung ist, können Sie verschenken, spenden oder in einem Secondhand-Laden loswerden. Alles andere kommt in den Müll.

Eine recht brutale Regel hat sich Vera zumindest für die nächste Zeit vorgenommen: Ihr Ziel ist es, sich nur dann etwas Neues zu kaufen, wenn sie parallel dazu zwei alte Gegenstände dauerhaft aus ihrem Kleiderschrank verbannt. Damit stellt sie sicher, dass ihr Bestand an Klamotten, Schuhen und Accessoires nur abnehmen, keinesfalls aber anwachsen kann.

Bügelbrett, Heimtrainer und Co.

Eigentlich würde man ja vermuten, dass ein Schlafzimmer ein Schlafzimmer ist und nur deshalb auch zur Ankleide wird, weil die meisten von uns sich kein separates Ankleidezimmer oder einen begehbaren Kleiderschrank leisten können.

Aber Klamotten und Weihnachtsdeko sind nicht die einzigen Dinge, die uns im Schlafzimmer neben dem Bett und den üblichen Verdächtigen begegnet sind. Ich finde ein aufgebautes Bügelbrett im Schlafzimmer ja ziemlich abturnend, aber es scheint gar nicht so selten vorzukommen. Bei einem unserer Besuche war auch anhand der darauf liegenden Stapel deutlich erkennbar, dass es nicht nur kurzzeitig dort stand, sondern zur Dauereinrichtung geworden war. Auch eine Nähmaschine haben wir in einem Schlafzimmer gesehen – und gleich drei Fitnessgeräte.

Wie immer gilt: Wenn man sich damit wohlfühlt, ist das okay. Wenn es aber beengt, dann ist es wichtig, Alternativen zu finden. Das zeigte sich dann bei unseren Nachgesprächen auch sehr klar: Zwei unserer drei Sportlerinnen gaben nämlich zu, gar nicht so sportlich zu sein. Der Heimtrainer und das Laufband stehen da schon ewig und nehmen nur Platz weg, werden aber seltenst mal genutzt – außer als Kleiderablage. In so einem Fall sollte man das Fitnessgerät besser verscherbeln und entweder joggen gehen oder sich von dem Geld eine Probemitgliedschaft im Fitnessclub um die Ecke leisten. Die haben dann auch mehr Geräte zur Auswahl und man ist beim Trainieren nicht allein, wie Petra korrekterweise anmerkte.

Und was das Bügelbrett und die sonstigen Platzvernichter betrifft: Versetzen Sie nach dem Bügeln, Nähen oder Basteln den Raum wieder in den Ursprungszustand. Nur so ist gewährleistet, dass das Chaos nicht um sich greift.

Wohnzimmer und Wohnraum

Das Wohnzimmer bzw. der zentrale Wohnraum (oft wird hier auch gegessen) ist in vielen Wohnungen ein richtiger Multifunktionsraum. Und wenn man nicht gerade allein lebt, sind hier die meisten Interessen unter einen Hut zu bringen.

Als wir unsere Wohnungen gegenseitig angeschaut haben, waren hier dann auch eine ganze Menge an Problemzonen zu finden. Manchmal erschlägt schon der erste Eindruck: Da liegen Spielsachen von den Kindern auf dem Boden, irgendwer hat seine Hausschuhe dort ausgezogen und einfach stehen gelassen, auf oder neben dem Sofa oder unter dem Couchtisch türmen sich Stapel von Zeitschriften, Prospekten und Büchern, die Schrankwand quillt über vor CDs, DVDs, Videos, Computerspielen, Büchern und anderem Kram. Der Tisch ist überhäuft mit ... ja, was eigentlich alles? Zeitungen, Zeitschriften, Kerzen, Stiften, Fernbedienungen, Zucker- und Keksdosen, Getränken, der Post der letzten Tage, Prospekten, Chipstüten, Werkzeug, Spielzeug, Batterien (leer? voll?), verlorengegangenen und wiedergefundenen Kleinteilen, lästigem Kleingeld, Zetteln mit Telefonnummern, Einkaufslisten, Adressen und Terminen ... *Hilfe!*

Okay, Sie haben mich erwischt: Ich habe einfach mal alles auf einen gedanklichen Tisch gepackt, was ich in den verschiedenen Wohnungen notiert hatte. Aber ich will damit auf etwas Wichtiges hinaus: Ein solcher Anblick stresst schon ganz von allein. Wenn es keine freien Flächen gibt, eventuell noch an der Wand Dinge oder Kisten aufgestapelt sind oder die einzige freie Wandfläche von einem ausladenden Ficus Benjamini zugestellt ist, um den herum abgefallene Blätter liegen, dann wird aus *„my home, my castle“* schnell *„my home, my Albtraum“*.

Natürlich ist es schwierig, wenn die Wohnung klein ist und sich alle meist im Wohnzimmer aufhalten. Aber: „Wenn du mit dem Staubsauger nicht mal eben durchgehen kannst, weil du Angst haben musst, Kleinteile einzusaugen, dann heißt es nicht Wohnzimmer, sondern Saustall!“ (Stammt nicht von mir, sondern von meiner Mutter und bezog sich auf meine erste Wohnung.)

Also: Boden und Tisch freiräumen. Alles, was hier nicht hingehört (also: alles!), kommt an seinen angestammten Platz. Gibt es keinen dafür, dann muss er geschaffen werden oder das Teil kommt weg.

Wenn sich manche Sachen trotzdem immer wieder auf dem Wohnzimmertisch oder auf dem Boden ansammeln, dann ist das ein Indiz dafür, dass der angestammte Platz entweder nicht existiert oder (vielleicht, weil er als unpraktisch oder zu weit weg empfunden wird) nicht genutzt wird. Nachhaken und ändern!

Leiden Sie beispielsweise darunter, dass bei Ihnen zig Fernbedienungen herumkugeln? Jedes Gerät braucht eine eigene und keine wird wieder weggeräumt, das ist ganz normal. Aber es gibt auch Universalfernbedienungen, die drei, sieben oder gar fünfzehn verschiedene Fernbedienungen ersetzen. Die billigen Universalfernbedienungen sind leider umständlich zu bedienen und passen nicht für jedes Gerät. Aber es gibt auch bessere, programmierbare Modelle, teilweise sogar mit Display und Touchscreen, damit man sehen kann, welches Gerät und welche Funktion man jetzt schaltet. Je mehr Fernbedienungen so ersetzt werden können, umso lohnender die Ausgabe.

Dann nehmen Sie sich gezielt einzelne Bereiche vor: herumliegende Stapel, Sitzmöbel, Entertainment-Sektion, Pflanzen, schließlich Regale und Schränke ... wo lauern die größten Problemzonen? Verschließen Sie nicht die Augen vor dem Chaos, sondern gewöhnen Sie sich einen analytischen Blick an. Werden Sie zu Ihrem eigenen Dinge-Diät-Coach – oder bitten Sie eine gute Freundin, Sie mit Rat und Tat zu unterstützen.

Stapelweise Altpapier!

Wir sind immer wieder auf ganze Bereiche gestoßen, die so, wie sie waren, eigentlich komplett in den Müll konnten. Und für die Wohnzimmer galt das ganz besonders: Alte Prospekte, Flugblätter, Zeitschriften, Briefe und mehr gehören einfach entsorgt!

Sie haben einen Stapel alte Zeitschriften und Zeitungen herumliegen, nur weil Sie die Sudokus und Kreuzworträtsel darin noch lösen wollen? Im Idealfall besorgen Sie sich eine App für Ihr Smartphone, Tablet oder das alte Nintendo DS, dann haben Sie immer Rätselnachschub und können das ganze Papier vernichten. Wenn Sie lieber auf Papier rätseln: Im Handel finden Sie riesige Rätselblöcke mit Hunderten von Rätseln für 3,95 Euro. Das reicht für Monate und wieder können Sie einen unansehnlichen Papierstapel entsorgen. Gleiches gilt für Rezepte und herausgerissene Artikel: Im Grunde brauchen Sie die alle nicht, notfalls werden Sie im Internet fündig.

Wer trotzdem etwas aufbewahren will: speziellen Ordner anlegen oder abfotografieren, aber raus mit dem Zeug aus dem Wohnzimmer!

Entertainment-Center

Bei den meisten von uns wucherte auch der Entertainment-Bereich im Wohnzimmer besonders heftig. Fast immer gab es neben den Geräten – Fernseher, Radio (hören Sie noch regelmäßig Radio, außer im Auto?), CD- und Kassettenplayer (wir haben schon lange keine Musikkassetten mehr, den Player aber auch erst vor einem Jahr abgeschafft), Videorekorder, DVD- oder BR-Player, Satelliten- oder Kabelreceiver, Verstärker, Boxen und Spielekonsole – auch noch all die passenden Medien. Darunter befand sich oft auch etliches, was nicht in seiner Hülle lag, manchmal lag in der Hülle etwas anderes und oft fanden sich auch selbstgebrannte DVDs und CDs ohne Hülle, die nur rudimentär beschriftet waren.

Dieser ganze Hüftspeck gehört abgebaut: Viele CDs, Videos und Spiele nutzt man ohnehin nicht mehr. Und Neues muss man sich nicht unbedingt kaufen, sondern kann es auch ausleihen – entweder bei Freunden oder bei spezialisierten Anbietern. Selbst manches Gerät kann man eliminieren, weil es sich eigentlich selbst überlebt hat, dafür bieten Streaming und Digitalisierung neue Möglichkeiten und man spart Platz.

Viele unserer Wohnzimmermöbel stammen zudem aus der Zeit, als Röhrenfernseher die Regel waren – die modernen Flachbild-Fernseher verleiten nun dazu, den Platz drumherum und dahinter zuzumüllen. Und bei den Flachbild-Geräten ist auch das Kabelgewirr viel auffälliger – mit ein paar Kabelbindern und farbigen Etiketten kann man die Kabel bändigen, aber trotzdem den Überblick bewahren. Und mit ein bisschen technischem Geschick kann man den Fernseher auch an die Wand hängen und so unter Umständen gleich das ganze Fernsehmöbel einsparen.

Zimmerpflanzen

In vielen Wohnzimmern findet man Pflanzen. Vielleicht sollen das Grün und die Blüten der Pflanzen dem Raum Wohnlichkeit verleihen, vielleicht dienen sie auf der Fensterbank auch ein wenig als Sichtschutz, und das Raumklima sollen sie ja auch verbessern. Aber auch hier ist weniger mehr und die Auswahl der Pflanzen muss nicht nur zum Raum (Sonnenlicht, Halbschatten, Schatten?), sondern auch zum eigenen Charakter passen.

Orchideen sind toll, aber nur, wenn man sie auch gut pflegt. Wenn sie wie bei Petra zu traurigen Stängeln ohne Blütenpracht werden („Ich versuche es immer wieder, habe aber keinen grünen Daumen"), sollte man sich etwas anderes, Pflegeleichteres aussuchen. Und große Zimmerpflanzen sehen zwar toll aus, aber sie müssen auch regelmäßig gepflegt werden, sollen sie nicht unansehnlich werden und verstauben.

Regale und Schränke

Dort verbergen sich oft Schätze, die man nicht mal geschenkt haben möchte – die aber genau so in unseren Besitz gekommen sind: das gute Service mit Goldrand, das man nie verwendet, aber nicht weggeben kann, weil man es ja schließlich zur Hochzeit bekam. Die guten Gläser, die für den Alltag zu schade sind und die man eigentlich total unpraktisch findet. Bloß nicht schief ansehen, dann kriegen sie schon einen Sprung.

Dann die Tortenplatte und die Bowleschüssel, die in der Küche keinen Platz finden. Bei Petra waren es auch der Tischgrill, das Raclette und der Pizzadom, die die Familie mal ungeheuer genial fanden, die Petra dann aber außer Sichtweite verstaut hat, weil es immer an ihr hängenblieb, die Sachen wieder zu reinigen und wegzuräumen. Am liebsten auf den Flohmarkt damit.

Moni erwähnte, dass sie zu ihrer Studentenzeit oft auf den Flohmarkt gegangen ist, wenn sie mal wieder ausgemistet hatte. Und dass sie es eigentlich immer ganz toll dort fand. Als Student freut man sich natürlich auch, wenn man für seine alten Sachen noch ein paar Euro bekommt, und fragt sogar in der Bekanntschaft rum, ob jemand noch Sachen für den Flohmarkt hat.

Irgendwann verliert das dann den Reiz. Aber wenn Sie Kinder haben und ohnehin ausmisten wollen, dann können Sie durchaus versuchen, sie für die Flohmarkt-Idee zu begeistern. Das eingenommene Geld dürfen sie natürlich behalten. Sind die Kinder einmal infiziert, müssen Sie sich dann weniger Sorgen machen, was Sie ausmisten könnten, sondern eher, auf was Sie mit Argusaugen achten sollten, damit es nicht auch den Weg auf den Flohmarkt findet.

Aber weiter zu unserem kleinen Rundumschlag im Wohnzimmer. In der Schublade: Fotoalben und nicht eingeklebte Fotos der Urlaube und Familienfeiern der letzten 15 Jahre. Nächste Schublade: Bastel- und Reparaturkram, Batterien, Verlängerungskabel, alte Briefe, Kassenbons, Stifte, Büroklammern, Schräubchen und Deckel (von was eigentlich?).

Was finden Sie bei sich? Wir haben Foto- und Videoausrüstungen, Gesellschaftsspiele, ganze Wagenladungen an Vasen, Schalen, Dokumenten, stapelweise Bedienungsanleitungen (auch von längst nicht mehr vorhandenen Geräten) und auch eine Hausbar mit halbgeleerten Likörflaschen aus zwei Jahrzehnten gefunden. Viel Potenzial für Befreiung!

Moni hat sich übrigens als ein – sehr ambitioniertes! – Ziel vorgenommen, einen ihrer Schränke komplett zu entfernen. Sie findet das Ding hässlich, aber ihr ist auch klar, dass sie mindestens so viel Kram eliminieren muss, wie sich in dem Schrank befindet. Das heißt nicht unbedingt, dass alles im Rahmen der Diät abgespeckt werden muss, was in diesem Schrank lagert, aber zumindest muss ein entsprechendes Besitz-Volumen irgendwo in der Wohnung dran glauben.

Deko

Gerade im Wohnzimmer sind wir oft auch auf viele Dekoelemente gestoßen. Angefangen von Bildern, die an der Wand hingen (und bei genauerer Betrachtung nicht nur schief, sondern auch noch voller Staub und Spinnweben waren), über Vasen, Kerzen, Plüschtiere, Kissen, Decken ... Hier ist weniger definitiv mehr. Schauen Sie sich mal Bilder von Wohnzimmern in den einschlägigen Magazinen an: Da ist jedes Dekoelement ein echter Hingucker, ein Highlight – und wirkt dadurch, dass es drumherum viel freie Flächen gibt. Ein einziges Element in einem Regalfach ist viel aufmerksamkeitsstärker als fünf oder sieben auf gleichem Raum. Deshalb gilt auch hier: reduzieren und eliminieren!

Im Wohnzimmer ist es überdies wichtig, am Ball zu bleiben. Das hat uns mein Mann beigebracht – unfreiwillig. Nach unserer Begehung habe ich alle möglichen Prospekte und Zeitschriften weggeschmissen und mich riesig über die freigewordenen Flächen gefreut. Nur um am nächsten Abend festzustellen, dass sich nicht nur neue Prospekte angesammelt hatten, sondern mein Göga auch seine Autozeitschriften ins Wohnzimmer geschleppt hatte. „Ich dachte, wo da doch jetzt Platz ist ..."

Da ist er nicht allein, er hat es nur ausgesprochen. Selbst ich habe mich ertappt, wie ich Kochbücher einfach auf dem Couchtisch liegen ließ. Peinlich.

Je mehr freie Flächen man erzeugen kann, um so angenehmer, stressärmer und inspirierender wird die Wohnung. Im Idealfall gelingt es, einen Schrank oder ein Regal komplett rauszuschmeißen. Es kann ja soooo befreiend sein, auf eine nackte Wand zu schauen!

Arbeitszimmer, Büro, Schreibtisch

Die meisten von uns haben irgendwo einen Schreibtisch, eine Arbeitsecke oder gar ein ganzes Büro. Und dort haben wir fünf Problemfelder erkannt:

1. alte Dokumente: Papier, Papier, Papier ... und überall Post-its und Notizzettel
2. nicht funktionierende Stifte und Büromaterialien
3. Computer-Kram und Kabel
4. zu viele Dinge, die eigentlich *auf* dem Schreibtisch gar nichts zu suchen haben
5. zu viele Dinge, die eigentlich *unter* dem Schreibtisch gar nichts zu suchen haben

(Ein mögliches Chaos auf der Festplatte haben wir nicht thematisiert.)

Die wenigsten Schreibtische und Homeoffices sind gut organisiert und ergonomisch gestaltet. Dabei gibt es eine Menge Möglichkeiten, beispielsweise Tastatur und Maus des PCs bei Nichtgebrauch einfach verschwinden zu lassen, den Monitor besser zu positionieren, dem Kabelsalat den Kampf anzusagen und den Arbeitsplatz besser zu organisieren. Aber das war ja nicht unser vordringliches Problem.

Auf den ersten Blick zu erkennen war, dass Schreibtische das Chaos anziehen – und zwar auf der Arbeitsplatte und auch unter dem Schreibtisch! Wenn aber Kabel, Kartons, Computer und mehr den Fußbereich einschränken, dann arbeitet es sich nicht besonders gut am Schreibtisch. *Und das Chaos auf dem Schreibtisch ist unübersichtlich, lenkt ab und engt die Bewegungsfreiheit zusätzlich ein.*

Der Arbeitsplatz von Vera war eine Ausnahme – aufgeräumt, durchdacht und funktional. Sie hat uns dann auch mit ein paar Tipps versorgt:

- Große Kiste nehmen und alles von der Arbeitsfläche runter und in die Kiste.
- Einen großen Schreib-/Malblock als Schreibtischunterlage verwenden. Hier kann man alles Mögliche notieren und wenn das aktuelle Blatt voll ist, wird es abgerissen – spätestens aber alle 14 Tage (oder bei seltener Nutzung monatlich). So vermeidet man, dass man überall Post-its und Notizzettel rumliegen hat.
- Nur drei gut funktionierende Stifte in verschiedenen Farben (blau, schwarz, rot), einen Druckbleistift mit Radierer und einen Textmarker auf dem Schreibtisch behalten. Alles andere wie Schere, Locher, Klebstift, Tesa, Lineal und sonstiges notwendige Büromaterial in die oberste Schublade eines Rollcontainers, der unter oder neben den Schreibtisch passt.
- Möglichst viel externes Computerzubehör eliminieren oder durch drahtlose Varianten (Tastatur, Maus/Trackpad, Drucker) ersetzen. Frische Ersatzbatterien oder Ersatzakkus in der oberen Schublade bereithalten.
- Ein Regal über oder neben dem Schreibtisch für Bücher, Unterlagen, Ordner und Zubehör sorgt dafür, dass man alles Wichtige schnell im Griff hat, aber den Schreibtisch nicht zumüllt. Ablagen thematisch ordnen und ggf. eine Farbcodierung verwenden (rot: Rechnungen/Bankunterlagen, grün: Ideensammler, blau: Job, gelb: Versicherungen/Verträge) – *Sortierung ist wichtig für die Ordnung.* Vorsicht: Hängeordner können praktisch sein, aber auch dazu verführen, dass man Sachen einfach „versenkt“ und so das Chaos nur verlagert.

- Jeden Abend den Schreibtisch aufräumen und alles, was nichts auf dem Schreibtisch zu suchen hat, in die Kiste packen. (Die steht neben dem Schreibtisch oder im untersten Regalfach.)
- Kiste regelmäßig aufräumen und Sachen entweder wegwerfen oder an ihren Platz stellen.
- Ein Metallseil und zehn Minimagnete besorgen (gibt es im Handel als Set für Fotos) und das Seil an der Front des Regalbretts befestigen, das ungefähr auf Augenhöhe ist. Dort nur absolut wichtige Notizen „anpinnen“ – viel übersichtlicher als jede zugemüllte Pinnwand.

So weit bin ich ehrlich gesagt noch nicht. Aber die Tipps versuche ich schrittweise auch für mich anzuwenden.

Das größte Problem bei den meisten von uns war erst mal das Papier. Hier heißt es reduzieren, reduzieren, reduzieren! Oft hebt man viel zu viel auf, also Ablage durchschauen, lose Zettel und Post-its radikal wegwerfen. Auch alte Zeitschriften sind sehr belastend, die relevanten Seiten kann man abfotografieren, die Originale gehören ins Altpapier.

Auch nicht steuerrelevante Dokumente, bei denen es egal ist, ob ein Original vorliegt, kann man abfotografieren. Die meisten Smartphones haben mittlerweile Kameras, die qualitativ einem Scanner ebenbürtig sind, und es gibt sogar Apps, die die Fotos automatisch ausrichten, optimieren und in PDF-Dokumente verwandeln. Online-Dienste wie Evernote bieten sich als großer digitaler Zettelkasten an – sogar samt Texterkennung und Textsuche in den so erzeugten Dokumenten. Damit kann man endlich all die Zeitungsausschnitte, Rezepte, Bedienungsanleitungen und sonstigen Dokumente rasch digitalisieren und die Originale ins Altpapier geben.

Peinlich, peinlich: Ich hatte sogar noch Unterlagen von meinem Studium. Die Ordner brauche ich sicher nicht mehr. Aber ich habe erfahren, dass ich nicht die Einzige bin, die alte Unterlagen viel zu lange aufbewahrt.

Visitenkarten muss man auch nicht aufheben, die findet man ohnehin nie, wenn man sie braucht. Besser ist es, die Kontaktdaten zu erfassen und in einem elektronischen Adressbuch zu verwalten. Es gibt sogar Apps, mit denen man Visitenkarten abfotografieren kann und die dann die Kontaktdaten erkennen und korrekt als Text speichern. (Vorsicht: Manche Apps kommen nur mit amerikanischen Adressen zurecht, vorher informieren oder Testversion ausprobieren.)

Post in einen Eingangskorb und schnellstmöglich bearbeiten, *der Korb ist kein Lager*. Und Kontoauszüge, Rechnungen und wichtige Belege sofort (!) abheften (und die Ordner sauber und akkurat beschriften, Trennblätter für unterschiedliche Themenbereiche verwenden, das hilft beim schnellen Wiederauffinden). Generell gilt: Alles, was weniger als vier Minuten braucht, sollte man sofort erledigen und nicht aufschieben!

Gut, oben ist jetzt klar Schiff, also wandert der Blick nach unten: Alles, was unter dem Schreibtisch steht, nervt irgendwann! Meist steht da nicht nur ein sperriger PC mit Kabelverhau, vielleicht noch mit Boxen und externen Festplatten, sondern der „freie" Platz wird für Taschen und Kisten genutzt – die haben da aber nichts zu suchen: *Weg damit!* Kabelsalate entwirren, Kabel kennzeichnen und entweder mit Kabelbindern oder Kabelkanälen bändigen.

Allerdings lösen sich klassische Schreibtisch-Situationen heute mehr und mehr auf, man arbeitet oft schon mit Notebooks und Tablets und ist dann mobiler und unabhängiger von einem klassischen Schreibtisch. Moni hat sich für ihr mobiles Gerät mehrere Ladegeräte mit langen Kabeln besorgt (eBay, Amazon ...) und kann eigentlich fast überall nicht nur arbeiten, sondern auch das Gerät an den Strom hängen. Drucken geht ebenso über WLAN wie die Internetnutzung und das Backup auf eine externe Festplatte. Und irgendwie kann sie auch Filme, Fotos und Musik per WLAN auf ihren Fernseher beamen, aber als technischer Laie habe ich nicht ganz verstanden, wie das funktioniert.

Viele klassische Bürohelfer und Computerzubehör für das Home Office haben zudem ausgedient: Diktiergeräte, Anrufbeantworter, Scanner, alte USB-Sticks mit geringer Kapazität, die meisten CD-ROMs (Microsoft Windows 98 SE? Norton Internet Security 2001?), CD- und DVD-Rohlinge, Disketten (!!!), Tischrechner, Rolodex, Karteikästen – wir haben alles Mögliche gefunden, das nicht mehr gebraucht wird. Ab in den Müll bzw. zum Sondermüll damit!

Ach ja: Dekoelemente haben auf dem Schreibtisch eigentlich nichts zu suchen, auch der Plüschteddy nicht, den Moni auf meiner Schreibtischecke entdeckte und den ich ein paar Wochen zuvor auf der Straße gefunden und „adoptiert" hatte. Einige wenige Dekostücke, die auch helfen, sich zu konzentrieren und zu fokussieren, kann man ins Regal stellen, aber bitte nur drei oder vier. Vera hatte da zwei Überraschungen parat: einen Stein und eine Kerze, die sie manchmal für Konzentrationsübungen nutzt. Man lernt nie aus!

Kinderzimmer

Dieser Bereich ist je nach Alter der Kinder ziemlich sensibel: Bei Petra war das Zimmer ihrer pubertierenden Tochter für uns tabu. Kann ich auch irgendwie verstehen – ich hätte in dem Alter auch nicht gewollt, dass meine Mutter mit ihren Freundinnen in meinem Zimmer meine Sachen durchwühlt.

Bei jüngeren Kindern ist die Einflussnahme natürlich größer. Auf der anderen Seite ist das Thema „radikale Entsorgung" hier ziemlich heikel, denn wenn der Verlust bemerkt wird, kann der Frust ganz schön groß sein. Daher bietet sich hier eine Kombination mit der Quartalskiste an (siehe Rezepte und Übungen).

Im Wesentlichen gibt es hier vier Bereiche:

1. Schule
2. Kleidung
3. Sportklamotten und -geräte
4. Spielzeug (auch Computer und CDs gehören dazu)

All diese Bereiche haben ihre Berechtigung, aber es müssen Prioritäten gesetzt werden. Vor allem aber: Die Kids wachsen nicht nur aus ihren Klamotten extrem schnell raus, sondern auch aus ihren Hobbys und ihrem Spielzeug. War es letzten Monat noch Fußball, so ist jetzt Skateboard angesagt und das Bayern-Trikot ist ein guter Kandidat für den Flohmarkt. „Playmobil? Mama, ich bin doch kein Baby mehr. Aber wenn du es schon ansprichst ... die neue Xbox One ..." Kinder!

Das Kinderzimmer ist oft auch ein Hort für Dinge, die in offenen Regalen oder unterm Bett gelagert werden. Das ergibt ein sehr unruhig machendes Chaos: viel zu viele Spielsachen, Wände alle beklebt und behängt, kaum ein Quadratmeter, der nicht mit irgendwas übersät ist. Um Ruhepole fürs Auge zu schaffen, ist Ordnung notwendig. Und um die zu halten, bedarf es gerade bei Kindern einer gewissen Unterstützung.

Hier hilft auch die richtige Möblierung: Normale Regale und Schränke sind zu hoch für jüngere Kinder: Sie können die oberen Fächer nicht erreichen (nicht mal ich selbst komme in der Küche an die oberen Fächer) und sehen oft auch bei den Fächern ab der Mitte nicht, was sich in zweiter Reihe befindet. Deshalb entweder kindgerechte Möbel anschaffen oder dafür sorgen, dass unten genug Platz für die Sachen ist, die die Kids selbst wegräumen sollen.

Nützlich sind dabei auch transparente Boxen, die von den Kindern selbst ohne Anstrengung entnommen und zurückgestellt werden können und die in die unteren Fächer kommen. Die werden zudem beschriftet: „Plüschreich“, „Baumaterial“, „Technik“ ... So weiß man, was rein soll, und kann von außen sehen, was drin ist.

Und im Fall des Kinderzimmers ist es auch sinnvoll, transparente Unterbett-Schubladen zu besorgen, falls der Bettsockel dafür geeignet ist. Das schafft zusätzlichen Raum für Dinge, die nur saisonal benötigt werden, und verhindert, dass Sachen einfach unter dem Bett verschwinden.

Darüber hinaus sollten altes Spielzeug und alte Klamotten radikal aussortiert werden – mit den Kindern gemeinsam, nicht über deren Kopf hinweg. Sie sollen mitentscheiden und so lernen, selbst Verantwortung zu übernehmen.

Bei Klamotten hilft wieder unser Funktionstest: Wenn sich die Kinder dafür aussprechen, Klamotten zu behalten, dann müssen sie sie einen Tag (oder einen halben) tragen. Das scheitert oft schon daran, dass die Sachen zu klein, zu eng und zu unbequem geworden sind oder man sich vor den Freunden nicht „blamieren“ will. So sinkt die Begeisterung für die Stücke und die Einsicht wächst, dass die Sachen doch weg sollten.

Auch die 33 VIPs sind für Kinder eine gute Übung: Wollen Sie, dass die Computerspiele-Sammlung, die Brettspiele und die Puzzles ausgemistet werden, dann lassen Sie die Kids 33 Teile auswählen, mit denen sie drei Monate auskommen müssen. Der Rest wird weggeräumt und kommt auf den Speicher oder in den Keller – nach drei Monaten wird dann Bilanz gezogen und die unnützen Dinge werden entsorgt.

Apropos entsorgt: Der schlimmste Satz für Kinder ist „Das brauchst du doch nicht mehr, das schmeißen wir jetzt mal weg“. Verlustangst pur! Viel besser ist es, sie damit zu ködern, dass sie sich auf dem

Flohmarkt etwas dazuverdienen können, wenn sie etwas Neues anschaffen wollen. Wenn damit Geld zu verdienen ist, ist die Bereitschaft, loszulassen, wesentlich größer. Und die Kids lernen, dass Neuanschaffungen einen Verzicht an anderer Stelle bedingen.

Küche, Essplatz und Vorratsbereiche

Unsere Küchen, Essplätze und Esszimmer waren arg unterschiedlich – teilweise bedingt durch die baulichen Gegebenheiten und den zur Verfügung stehenden Platz. Bei Vera ist alles in einen „Living Room“ integriert, mit kleiner Kochecke, Esstisch und offenem Übergang zum Wohnzimmer. Anders bei Karla: Küche und Esszimmer bilden eine Einheit (mit freistehendem Herd, wie edel!), das Wohnzimmer ist ein komplett anderer Raum. Und bei mir gibt es auch ein separates Wohnzimmer, aber auch Kochküche und Esszimmer sind getrennte Räume. Wobei mir die Kochküche eigentlich immer zu klein war – erst recht, seit ich vor einigen Jahren eine Spülmaschine bekam und mir seit damals Stauraum für Geschirr fehlt.

Das Wohnzimmer habe ich bewusst separat behandelt, (Koch-)Küche und Esszimmer betrachte ich aber als eine miteinander verbundene Problemzone.

In den meisten Küchen waren die Arbeitsflächen reichlich vollgestellt: Küchenmaschine, Toaster, Mikrowelle, Kaffee- oder Teemaschine, Wasserkocher, vielleicht noch der Allesschneider. Dazu Aufbewahrungsmöglichkeiten für Brot, Obst und – mal auf der Arbeitsfläche, mal im Regal – Gefäße mit Zucker, Salz, Mehl, Essig, Öl, Salz- und Pfefferstreuer, ein paar Küchenhelfer wie Messer, Kochlöffel und Siebe, die schnell zur Hand sein sollen. Und eventuell noch ein paar Getränkeflaschen, Kaffeebecher etc. Da kommt eine ganze Menge zusammen und die eigentliche Arbeitsfläche wird immer kleiner. Und oft stehen auch noch Gewürzregale und

Küchenkräuter rum. Für ein vernünftiges Schneidbrett bleibt da kaum noch Platz.

Ganz schlimm wird es allerdings, wenn man in die Schränke und Schubladen schaut: Unmengen von manuellen und elektrischen Küchenhelfern, stumpfe Messer aller Couleur, Töpfe, Pfannen, Backformen, Rührschüsseln, Salatschüsseln, Messbecher, Nudelmaschinen, Sushimatten, Essstäbchen, Besteck (das für den Alltag und irgendwo in einem anderen Schrank das Gute), Essgeschirr ... und dann müssen auch noch Lebensmittel, Reinigungsutensilien und Abfallbehälter untergebracht werden. Ich höre auf.

Die Aufzählung macht aber das zentrale Problem deutlich: Hier sammeln sich wirklich die Pfunde an. Ein Hort für Zeugs, das keiner braucht!

Tatsächlich brauchen wir die meisten Küchenhelfer kaum, kämen mit drei oder vier guten Messern aus statt fünfzehn stumpfe Klingen zu horten. Wann haben Sie das letzte Mal die Schublade mit den ganzen Helferlein ausgemistet, deren Namen Sie nicht mal kennen? Zestenreißer, Apfelausstecher und Ananasschäler fanden wir mal ebenso gut wie die Bananentransportbox aus Silikon oder den Knoblauchschneider.

Petra, in diesen Dingen deutlich erfahrener als ich, brachte es auf den Punkt: Viele der Küchenhelfer sind so lange gut, solange man sie nicht saubermachen muss. Dummerweise dauert die Reinigung dann meist deutlich länger als man durch deren Einsatz an Zeit einspart. Also weg mit allen Küchenutensilien, die Sie seltener als einmal im Quartal brauchen.

Petra habe ich dann auch gebeten, meine Küche auf Vordermann zu bringen. Das war für mich kein leichter Schritt, aber ich hatte großes Vertrauen in sie, da mich ihre Küche und ihre Philosophie wirklich beeindruckt haben. Sie hat ganz schön bei mir ausgemistet und reorganisiert, aber nichts weggeworfen, sondern alles in ihren

Augen Überflüssige in Kartons verpackt, diese beschriftet und in unseren Keller gestellt. Und dann habe ich ein paar Wochen in Petras Version meiner Küche gekocht und musste erst mal umdenken. Aber letztlich habe ich fast alles so gelassen wie von Petra vorgeschlagen. Und die Kartons aus dem Keller sind mittlerweile entsorgt. Merke: Manchmal ist es gut, die Entscheidung anderen zu überlassen.

Von Petra habe ich so auch gelernt, dass die Spezialisierung vieler Geräte ein Problem ist. Meist kann man das gleiche Ergebnis mit ein paar universellen Utensilien ebenso gut erreichen. Denken Sie also multifunktional. Man braucht wirklich keinen speziellen Shaker für Salatdressings, wenn es auch ein normales Glas mit Schraubverschluss tut.

Oft hat man auch viel zu viel Geschirr, sowohl Ess- als auch Kochgeschirr, zu viel Besteck und zu viele gammlige Plastikschüsseln (und die guten verschwinden immer auf magische Weise). Vieles davon sammelt sich durch „Vererben“ an, z.B. riesige Services und Bestecksets, die kein Mensch je braucht. Leider hat man besonders hier oft Hemmungen, es wegzugeben, weil es ja von Eltern, Großmutter oder der Verwandtschaft stammt und teilweise stark emotional besetzt ist. Aber wenn man es ohnehin nie nutzt, hat es kein Anrecht auf wertvollen Platz in der Küche. Und die nächste Generation kann erst recht nichts damit anfangen.

Das bedeutet: Geräte, Geschirr und Helferlein, die man nie verwendet, weggeben. Das spart wahnsinnig viel Platz. Und wenn Sie so Platz in Schubladen und Schränken gewonnen haben, können Sie sich anschließend auch Ihrer Arbeitsfläche widmen. Es ist ein Trugschluss zu glauben, dass häufig genutzte Küchengeräte auf die Arbeitsfläche gehören. Zwar spart man so ein paar Sekunden ein, aber das erkauft man sich durch viele Nachteile, die durch den fehlenden Platz entstehen. Eine Küche mit freien Arbeitsflächen lädt zum Kochen ein und macht viel mehr Spaß als eine, die komplett zugestellt ist. Und wie oft nutzen Sie die Küchenmaschine, den Wasserkocher und den Toaster wirklich? Selbst wenn Sie sie täglich 5 Minuten nutzen, stehen sie 23 Stunden und 55 Minuten pro Tag vor allem im Weg rum. Also ab damit in den Schrank und jeweils hervorgeholt, wenn die Geräte wirklich benötigt werden.

Das klappt natürlich mit der Mikrowelle und der Espressomaschine nur schwer. Für die sollten Sie dann aber einen Ort suchen, an dem sie nicht im Weg stehen. Die Mikrowelle kann beispielsweise auch auf ein Regalbrett in Brusthöhe gestellt werden, im Handel gibt es natürlich auch Einbaugeräte. Und warum die Espressomaschine nicht gleich auf die Anrichte ins Esszimmer stellen?

Tassen und Kaffeebecher sind wie Souvenir-T-Shirts: Es sammeln sich immer mehr an und man nutzt doch nur ganz wenige davon. Auch hier gilt es auszumisten. Dann ist auch im Schrank oder Regal genug Platz, damit sie nicht die Arbeitsfläche verstellen müssen. Und wenn man sich nur auf einige wenige gute Messer beschränkt, dann kann man auch entweder einen Messerblock oder eine Magnetleiste für die Wand anschaffen und sie dort aufbewahren. Damit bleiben sie auch scharf, weil die Schneide nicht immer an anderen Dingen reibt.

Einige Dinge sind zudem sehr universell einsetzbar: Eine Küchenzange, ein guter Silikonlöffel und ein Silikonschaber, Kochstäbchen (überdimensionale Essstäbchen) und ein hitzebeständiger Pfannenwender sowie zwei gute, große Schneidbretter mit Auffangrinne sind Gold wert. Kaum jemand braucht eine Kitchen Aid mit allem Zubehör, aber ein kleiner elektrischer Zerkleinerer ist manchmal hilfreich. Salatschleuder? Geht auch ohne: einfach Salat abtropfen lassen, in ein trockenes, sauberes Geschirrtuch einschlagen und ein paar mal in der Luft schwingen.

Und schließlich sollte man alle angefangenen Aufgaben auch beenden. Das schließt ein, dass man die Arbeitsgeräte anschließend auch gleich spült oder in den Geschirrspüler stellt. Am Ende der Arbeit sieht dann die Küche wieder so aus wie vorher, statt die benutzten Gerätschaften und schmutziges Geschirr einfach im Spülbecken zu stapeln.

Petra versucht jedenfalls noch immer, mir anzugewöhnen, dass ich *die Küche jeden Abend wieder in den Zustand versetze, den sie am Morgen hatte*. Nur so könne man verhindern, dass der Schlendrian Einzug hält und der Jojo-Effekt zuschlägt. Vermutlich hat sie recht, aber jeden Abend schaffe ich das nicht. Vielleicht sind Sie da disziplinierter?

Lebensmittel

Ein weiterer Punkt: Lebensmittel. Petra hat uns darüber aufgeklärt, dass die Küche kein Vorratslager ist – es sei denn, es gibt einen speziellen Vorratsschrank. In den Küchenschränken und Küchenregalen sollte man also nur die aktuell genutzten Lebensmittel aufbewahren, alles andere hat seinen Platz an anderer Stelle (sei es im Keller oder eben in einem speziell dafür vorgesehenen Schrank. Verderbliche Lebensmittel kommen natürlich in den Kühl- bzw. Gefrierschrank, siehe unten.)

Das hat einen einfachen Grund: Es schafft Platz in den Küchenschränken und Küchenregalen und sorgt für mehr Übersichtlichkeit, weil alle Vorräte an einer Stelle stehen. So kann man auch besser die Haltbarkeit im Auge behalten: Immer, wenn etwas zur Neige geht, wird es mit dem jeweils ältesten vergleichbaren Lebensmittel aus dem Vorratsbereich ersetzt. Vieles kann übrigens auch lange nach dem Mindesthaltbarkeitsdatum verwendet werden. Bleiben Reste übrig, die zu verderben drohen (z.B. vor einem Urlaub oder weil man zu viel eingekauft hat), dann kann man die auch weggeben (Freunde, Nachbarn), sofern Bedarf und Interesse besteht, und sollte künftig reflektierter einkaufen.

Bei unseren Begehungen haben wir uns auch die Lebensmittel und Gewürze der anderen angeschaut. Ich finde das ja immer spannend und kaufe gerne auch mal etwas exotischere Sachen; leider verwende ich sie dann viel zu selten. Und offenbar bin ich da nicht allein. Wir haben alles gefunden von fünf Jahre abgelaufenem Brathering in Dosen über exotische Lebensmittel ohne identifizierbare Beschriftung (offenbar Urlaubsmitbringsel aus Asien) bis hin zu zahllosen angebrochenen und längst verrauchten Gewürzen und getrockneten Kräutern. Weg mit allem, was man nicht regelmäßig braucht, alles andere kommt in praktische, verschließbare Gewürzstreuer, die einen Überblick erlauben. Die Gewürze in Tüten aufzubewahren ist suboptimal, weil sie dann – einmal geöffnet – schnell an Aroma verlieren. Aber natürlich sollten die Gewürzstreuer gut beschriftet werden (nicht mit Edding auf Glas – das habe ich mal gemacht und konnte irgendwann nichts mehr lesen, weil die Beschriftung im Laufe der Zeit abging). Also: Lebensmittel durchschauen und radikal ausmisten bzw. aufbrauchen.

Wasserflaschen zu schleppen und kistenweise aufzubewahren ist oft auch nicht nötig: In vielen Gegenden ist das Leitungswasser von vergleichbarer Qualität. Wer unbedingt Sprudel haben will, kann das mit SodaStream und ähnlichen Lösungen selbst mit Leitungswasser hinbekommen, aromatisieren kann man das Wasser auch mit Getränkesirup.

Übrigens: Mannshohe Kühlschränke mit Metalltüren schreien offenbar förmlich danach, als Pinnwände genutzt zu werden. Es gibt eine ganze Industrie, die sich nur der Herstellung und dem Vertrieb von Kühlschrankmagneten verschrieben hat. Und einmal angefangen, kommen immer mehr Zettel dazu: Notizen, Arzttermine, Verpackungslaschen von Staubsaugerbeuteln und Medikamenten, Ansichtskarten, Einkaufslisten, Schulschreiben ... Und es wird nur selten etwas entsorgt. Wir haben bei einigen Zettel gefunden, die mindestens fünf Jahre da hingen.

Findet sich auf Ihrer Kühlschranktür auch ein solches Chaos? Gleich mit dem Ausmisten anfangen!

Ihre Kühlschranktür ist makellos? Super. Das freute mich auch. Bis die anderen mich an meine Pinnwand im Flur erinnert haben. Tja, mal gewinnt man, mal verliert man ...

Vorratshaltung

Haben Sie eine Ahnung, wie viele Lebensmittel bei uns jährlich weggeworfen werden? *UN-MEN-GEN!!!* Das ist nicht nur Verschwendung, sondern kostet auch viel Geld. Studien zeigen, dass eine durchschnittliche Familie locker 700 bis 1000 Euro einsparen kann, wenn sie ihre Lebensmittelvorräte besser koordiniert.

Bei Karla im Haus gibt es nicht einen, nicht zwei, sondern drei Tiefkühlschränke bzw. Gefriertruhen. Wir haben uns interessehalber die Mühe gemacht und alles aus den Tiefkühlern rausgenommen. Da kamen vereiste, unbeschriftete Tüten und Dosen mit undefinierbaren Inhalten zutage, von denen Karla weder wusste, was sich darin verbirgt, noch, wie lange die da schon schlummern: vermutlich Obst und Gemüse aus dem elterlichen Garten und Reste von einstmals tollen Gerichten, die ihre Mutter so gern kocht und ihr dann mitgibt.

Merke: TK-Fächer und TK-Schränke müssen nicht nur regelmäßig abgetaut, sondern auch ausgemistet werden. Noch wichtiger ist es aber, es gar nicht so weit kommen zu lassen, die Vorräte regelmäßig zu kontrollieren und alte Sachen aufzubrauchen. Was man nicht wirklich in Bälde zu nutzen gedenkt (nach maximal drei bis fünf Monaten), sollte man gar nicht einlagern. Was nützt es, wenn man die Stachelbeeren aus dem elterlichen Garten mitnimmt und einfriert, aber eigentlich Stachelbeeren nicht ausstehen kann?

Übrigens war es bei Vera genau umgekehrt: nur ein einfacher Kühlschrank, faktisch leer bis auf ein paar Flaschen Bier, eine Packung

Sojamilch und Reste von einer Pizza vom Vorabend. Sie isst entweder unterwegs, nimmt sich ein Curry vom Asiaten mit oder lässt sich etwas vom Lieferdienst kommen: „Kochen lohnt sich für mich allein nicht."

Ich wiederum war überrascht und ehrlich ein wenig schockiert, als die Mädels all meine Würzsoßen und Konserven hervorkramten. Manches war schon mehrere Jahre abgelaufen. Ein wenig Vorrat kann ja nicht schaden, aber ich musste einsehen, dass ich es da wohl übertreibe – und alles andere als sorgsam bin, erst die alten Vorräte aufzubrauchen, bevor ich neue Packungen anbreche.

Jetzt sind Sie wieder dran: In Ihrer Tabelle halten Sie bitte alles fest, was Sie in Küche, Essbereich und Vorratsschränken und Regalen stört, was unnötig ist oder bei dem Sie einfach den Überblick verloren haben. Nehmen Sie sich die Bereiche einen nach dem anderen vor und reduzieren Sie hemmungslos. Wenn Sie erst mit den Schränken anfangen, können Sie Platz schaffen, um die wirklich relevanten Dinge besser und übersichtlicher anzuordnen und mehr Freiraum zu schaffen.

Beobachten Sie auch, wie viele Lebensmittel Sie wegwerfen. Führen Sie sich als Motivation vor Augen, was Sie alles mit den hunderten Euro anfangen können, wenn Sie keine Lebensmittel mehr wegwerfen und keine überflüssigen Küchenhelfer mehr kaufen!

Keller, Speicher und Co.

Damit kommen wir zu den wahren Abgründen des häuslichen Speckgürtels: Alles das, was der normale Besucher nur selten zu Gesicht bekommt und wo man sich auch nicht besonders regelmäßig aufhält: Keller, Speicher und andere Lagerräume. Und weil es auch vorkam, habe ich Garage und Werkstatt gleich mitbehandelt.

Hier haben wir Fahrräder, alte und aktuelle Sportgeräte, Reifen, Altstoffsammlungen aller Art, Depots für alles und jedes, was man nicht wegwerfen will oder kann, Kartons mit Weihnachtsdeko, Büchern, Spielen, alten Klamotten und undefinierbaren anderen Inhalten sowie nie ausgepackte Kartons vom letzten Umzug, Gartengeräte, Werkzeugsammlungen, eine Modelleisen- und eine Carrera-Bahn (beide nicht aufgebaut), Vorratsräume für Lebensmittel und Getränke sowie natürlich die üblichen Heizkeller und Waschküchen gefunden.

Dabei haben wir uns gar nicht alles angeschaut, denn bei Petra führt eine steile Leiter auf den Dachboden und bei Vera haben wir auf die Besichtigung des Gemeinschaftskellers auch verzichtet.

Der größte Vorteil dieser Bereiche ist, dass wir relativ wenig Zeit dort verbringen müssen. Daher kann man ihnen für die Dinge-Diät erst mal eine geringere Priorität geben. Allerdings: Lebensmitteln sollte gezielt Aufmerksamkeit geschenkt werden (manchmal stand die Tiefkühltruhe im Keller), aber die relevanten Erkenntnisse dazu habe ich ja schon an anderer Stelle erwähnt.

Nicht ausgepackte Kartons vom mehrere Jahre zurückliegenden Umzug, Kisten mit Schulbüchern von Kindern, die längst das Studium abgeschlossen haben, das alte Surfbrett, das seit Ewigkeiten kein Wasser mehr gesehen hat: Da kann man sicher etliches sofort entsorgen.

Oft ist es in diesen Bereichen jedoch sinnvoll, nicht allein, sondern gemeinsam mit dem Lebenspartner zu entscheiden: Wir Mädels waren uns oft einig, wenn es um Werkzeuge und irgendwelche Geräte, Kabel, Reifen usw. ging: „Das ist ja nicht von mir. Wenn es nach mir ginge, könnte das alles weg …“ Aber unsere Männer sehen das oft anders – und manchmal durchaus zu Recht, wie wir erfahren durften.

Mein Göttergatte ist allerdings ein ganz besonderes Exemplar von Jäger und Sammler: Er hebt faktisch jede Originalverpackung größerer Geräte auf und lagert sie im Keller (oder wahlweise auch auf dem Speicher). Könnte man ja mal brauchen, wenn ein Gerät zur Reparatur muss oder wir mal wieder umziehen. Ehrlich: Ich kann mich nicht daran erinnern, wann wir jemals irgendetwas zur Reparatur gebracht haben – das muss unser vorletzter Röhrenfernseher gewesen sein oder so. Und wenn man die Verpackung in den ersten paar Monaten nicht gebraucht hat, dann kann man das Produkt im Notfall auch anders verpackt zurücksenden.

Aber damit nicht genug. Es war mir echt peinlich, dass in unserem Keller (in Regalen sortiert!) alte, defekte Geräte rumstehen. Und nein, mein Man plant nicht, ein Museum zu eröffnen. Seine Logik ist bestechend: Die Sachen könnten wir noch brauchen, wenn wir mal was Neues kaufen wollen. Der Blödmarkt und der, der wie ein Planet heißt, haben offenbar immer wieder Aktionen, bei denen man einen Rabatt bekommt, wenn man beim Neukauf sein Altgerät „eintauscht“. Vera hat vorgeschlagen, das Zeug rauszuschmeißen und unseren Keller zu vermieten, damit würden wir besser fahren. Vermutlich hat sie recht.

Also los: In diesen Bereichen ist also vor allem wichtig, sich mal einen Überblick zu verschaffen und dann ggf. gemeinsam zu entscheiden, was noch benötigt wird und was nicht.

Balkon, Terrasse und Garten

Der Balkon als zusätzlicher Lagerraum? Bei Vera stapeln sich sogar die Getränkekisten dort. Zugegeben: Ihre Wohnung ist wirklich ziemlich klein und angeräumt, aber das war doch ein wenig merkwürdig. Sie gab dann auch zu, dass sie selbst mit der Situation nicht wirklich glücklich ist.

Aber natürlich bekamen wir alle unser Fett ab, denn im Grunde waren wir nicht so viel besser. Da steht auf der Terrasse nicht nur der Gartengrill, sondern in der Ecke sind sechs Stühle samt Auflagen gestapelt – es könnte ja mal mehr Besuch kommen. Das Außenthermometer hat auch schon bessere Zeiten gesehen, ein paar Plastikziffern der Skala sind abgebrochen. Und im Keller stehen die defekte Sonnenliege, die der Göga zu reparieren versprochen hatte, und der Sonnenschirm, der schon direkt nach dem Kauf immer kippelte.

Wer einen Garten besitzt, hat oft noch mehr zu verbergen – im wahrsten Sinne des Wortes. Die Hersteller liefern uns sogar die passenden Produkte: Das Gartenhäuschen, das umgehend zur Abstellkammer wird, die wetterfeste Kiste für Werkzeug und Grillutensilien und Aufbewahrungssysteme, mit denen wir unsere Gartenwerkzeuge platzsparend in der Garage verstauen können – Geräte und Werkzeuge, die oft ähnlich nützlich oder überflüssig sind wie unsere Küchenhelfer.

Das Auto als verlängerter Wohnbereich

Besonders lustig war es, als Moni bei unserer Begehung von Karlas Haus meinte, wir müssten uns auch unbedingt die Autos anschauen, nicht nur den Keller und die Garage. Karlas Mann war unterwegs, also waren nur das Freizeitcabrio der beiden und Karlas Mini da. Man konnte Karla ansehen, dass sie von Monis Idee nicht extrem begeistert war.

Kein Wunder: Wie wir schnell herausfanden, nutzt Karla ihr kleines Töfftöff als verlängerten Wohnraum. Und der Kleine war tatsächlich voller Zeugs, wobei uns besonders die vielen Coffee-to-go-Becher auffielen, die auf dem Beifahrersitz und davor herumkugelten. Wohl

Überbleibsel von Frühstücksaktivitäten, die wegen Zeitdrucks in den Wagen auf dem Weg zur Arbeit verlegt wurden. Auch sonst gab es lustige Fundstücke – Tankquittungen, Routenbeschreibungen, einen Straßenatlas von 2001, diverse Ladekabel für verschiedene Handys („Ach, das ist von meinem alten, das brauche ich nicht mehr!"), Süßigkeiten, eine Haarbürste, im Kofferraum Pumps und Turnschuhe, ein Säckchen mit einem Streusalz-Split-Gemisch („Soll ich immer dabei haben als Anfahrhilfe für den Notfall, sagt mein Mann!" – Es war aber gerade August, als wir bei Karla waren, und ein Ausflug nach Skandinavien stand nicht auf dem Plan), eine Ritsch-Ratsch-Klick-Kamera in einem uralten „Unfallset" sowie eine kleine Schaufel, eine kleine Harke, ein Handbesen, Grabkerzen und Feuerzeug („Brauche ich, wenn ich zum Friedhof fahre und nach dem Grab sehe"). Wenigstens kein Leergut – war aber auch ein Mini.

Später hat uns Moni gebeichtet, dass Karla sie mal mitgenommen hat und sie daher wusste, was uns erwarten würde. Ist natürlich schon ein klitzekleiner Verrat, geschah aber ja für ein höheres Ziel.

Wir haben dann überall, wo es möglich war, auch die Fahrzeuge inspiziert. Dazu haben wir eine Decke ausgebreitet und in der Garage alles aus dem Wageninneren, den Ablagefächern, dem Handschuhfach und auch dem Kofferraum geholt, was nicht zum Fahrzeug selbst gehört. Auch den Fußraum und den Bereich unter den Sitzen und in den Polsterritzen haben wir dabei nicht vergessen. In Spalten und Ritzen haben wir etliche Münzen gefunden, unter Sitzen diverse verloren geglaubte Gegenstände. Und auch das obligatorische Leergut fand sich natürlich – bei mir, *grummel*. Ich bin einfach in den letzten 14 Tagen nicht dazu gekommen, es wegzubringen.

Übrigens ist so eine Bestandsaufnahme eine gute Gelegenheit, gleich auch mal das Innere zu saugen. Geht natürlich schlecht, wenn der Wagen an der Straße steht – also auf zur Waschstraße.

Da gibt es auch Sauger mit langem Schlauch. Nutzen Sie die Bestandsaufnahme auch, um zu prüfen, ob alles vollständig und ordnungsgemäß vorhanden ist, was in ein Auto gehört: Verbandskasten (noch nicht abgelaufen?), Warndreieck, Sicherheitsweste, Ersatzreifen (heil und aufgepumpt), Werkzeug samt Wagenheber und Radmutternschlüssel, Bedienungsanleitungen für Auto und Radio, Security-Code fürs Radio, Ersatzsicherungen, ggf. Starthilfekabel, Schneeketten (nur im Winter), Abschleppseil, Parkscheibe ...

Wie sieht es denn bei Ihnen aus? Ist Ihr Auto auch ein Saustall? Oder ein fahrendes Büro?

Natürlich wissen wir alle, dass lose herum(f)liegende Gegenstände im Auto gefährlich sind. Immer wieder sind auf dem Boden kullernde Objekte sogar eine Ursache für Verkehrsunfälle – sei es, weil man im falschen Moment nach ihnen greifen will und dann für einen Moment abgelenkt ist oder weil etwas unter die Pedale rutschen und sich dort verklemmen kann. Es kann übrigens durchaus sinnvoll sein, immer ein Paar „Autofahrerschuhe" im Kofferraum zu haben, beispielsweise für den Fall, dass man in festlicher Garderobe zu einem Event unterwegs ist und die hochhackigen Pumps während der Fahrt gegen die Bequemtreter tauschen möchte.

Thematisch zusammengehörige Sachen wie jene zur Grabpflege oder für ein Hobby sollte man in einem kleinen Karton oder einer Plastiktüte sammeln und diese nur ins Auto legen, wenn man sie wirklich benötigt – und danach wieder rausnehmen.

Gewöhnen Sie sich grundsätzlich an, das Auto von Ballast freizuhalten, und misten Sie es regelmäßig aus. Alte Belege, zehn Jahre alte Straßenkarten und Reiseunterlagen vom vorletzten Urlaub brauchen Sie garantiert nicht mehr. Und für manches gibt es praktische Alltagshelfer, z.B. um Münzgeld fürs Parken kompakt aufzubewahren, das Handy samt Ladekabel sicher im Wagen zu befestigen oder auch, um einen Kaffeebecher oder eine Getränkeflasche zu halten. Braucht man Stauraum für Spielzeug oder Lesestoff, weil man häufig Kinder dabei hat, dann kann man diese in einer Sitztasche hinter dem Beifahrersitz aufbewahren. Ein Kleiderbügel, den man im Kofferraum mitführt, kann nützlich sein, um fallweise Mantel, Jackett oder Bluse faltenfrei zu transportieren.

Alles, was man unnötigerweise im Auto mit sich herumfährt, bedeutet auch zusätzliches Gewicht und damit einen höheren Benzinverbrauch. Da wir uns ja auch zum Ziel gesetzt haben, kein Geld zum Fenster rauszuschmeißen, ist das ein weiterer guter Grund, den Wagen von unnötigem Ballast zu befreien.

Alles, was sichtbar im Wagen liegt, zieht auch Diebe an. Da wird auch mal für ein paar Münzen oder eine alte Kamera die Scheibe eingeschlagen. Man muss es ja nicht provozieren.

Also: Alles, was nicht unbedingt ins Auto gehört bzw. dort eigentlich nichts zu suchen hat, kommt auf unsere Liste. Für das Entmüllen ist ein Auto sogar ein sehr guter Start und eine gute Übung. Naturgemäß ist es ein in sich abgeschlossener Raum und überschaubar, die Entscheidung, was ins Auto gehört und was nicht, ist ziemlich einfach und vieles ist wirklich einfach Müll, der sich angesammelt hat und weg kann. Wichtig ist nur, dass man die Sachen aus dem Auto nicht einfach nur umschichtet und in den nächstbesten Schrank im Keller oder im Vorzimmer stopft.

Der Müll: Detektivarbeit im Abfall

Zugegeben: Sich den eigenen Müll anzuschauen oder gar den anderer, gehört nicht gerade zu meinen Lieblingsbeschäftigungen. Aber der Hinweis von Moni, dass man auch dort viel über das Konsumverhalten lernen kann, war goldrichtig. Ziel unserer Dinge-Diät sollte auch sein, weniger wegzuwerfen: Alles, was wir wegwerfen, haben wir schließlich auch irgendwann in unsere Wohnungen getragen – sei es als gekauftes Produkt, Verpackung oder beispielsweise in Form von Werbeprospekten und Post.

Ein Blick auf den Müll zeigt uns nicht nur, was wir konsumieren, sondern auch, was wir alles verschwenden. In Deutschland hilft uns die leidige Mülltrennung zusätzlich, einen Überblick zu bewahren. In einer Ecke steht das Altglas (Glaskonserven, Olivenölflaschen, Wein-, Sekt- und Schnapsflaschen ...), gleich daneben der gelbe Sack, der uns wunderbar vor Augen führt, wie viele Umverpackungen von Produkten (und damit auch Produkte selbst) wir in den letzten Tagen und Wochen in unser Leben hineingelassen haben. Und auch das Altpapier gibt Auskunft: Pizzaschachteln sagen ebenso eine Menge über uns aus wie weggeworfene Zeitschriften, Schuhkartons und Kassenzettel oder auch Kartons von Online-Shops.

Und natürlich würde ein Mülldetektiv auch Bio- und Restmüll-Behälter unter die Lupe nehmen: Wie viele Lebensmittel landen im Müll, ernähren Sie sich gesund oder eher von Fastfood und Lieferdienst? Wohnen hier Vegetarier oder Carnivoren? Und schließlich gibt es da noch den Bereich des Sperr- und Sondermülls sowie den Elektroschrott. Da diese seltener abgeholt werden oder gar selbst zur Deponie gebracht werden müssen, sammelt sich hier im Laufe der Zeit einiges an und verstellt so lange den Platz.

Leergut gehört zwar nicht direkt zum Müll, ist aber auch eine Form des konsumbedingten Abfalls. Deshalb sollten Sie auch beobachten, welches Leergut Sie in welcher Häufigkeit produzieren.

Aber nicht nur die Art des Mülls und einzelne Bestandteile sind aus Sicht des Abspeckens der Wohnung interessant, sondern auch die Menge des Mülls. Die sollte langfristig geringer werden, weil Sie sich bewusster verhalten, weniger und zielgerichteter einkaufen und so in der Summe nachhaltiger leben.

Zu Beginn Ihrer Dinge-Diät darf und soll sich das Müllaufkommen aber erst mal deutlich erhöhen, denn es geht ja ums Abspecken und Ausmisten. Natürlich muss nicht alles gleich auf den Müll wandern – Sie können Dinge auch verschenken oder verkaufen. Aber wenn Sie Ihr persönliches Müllaufkommen während der Diät (und in der weiteren Folge) ein wenig beobachten, dann werden Sie auch hier die Erfolge deutlich sehen. Und auch bemerken, wenn Sie Gefahr laufen, in alte Gewohnheiten zurückzufallen, von denen Sie sich eigentlich befreien wollten.

Für Ihre Notizen:

TEIL III.

WARUM HAT SICH DAS BLOß ALLES ANGESAMMELT?

So, ich hoffe, Sie sind noch bei mir. Vermutlich haben Sie sich in manchen Aspekten selbst erkannt und sich bei anderen gedacht, dass Ihnen das nie passieren könnte. Und wenn Sie mitgemacht haben und parallel Ihre eigene Wohnung und Ihre Problembereiche unter die Lupe genommen haben, sind Sie jetzt wahrscheinlich entweder ziemlich desillusioniert oder wollen am liebsten gleich alles loswerden.

Doch gemach: Auf unseren Besichtigungstouren haben wir viele interessante Dinge entdeckt, bei denen immer wieder die gleiche Frage auftauchte: „Warum hebst du denn *das* noch auf?" Und eine klare und ehrliche Antwort auf diese Frage ist wichtig, um nicht nur kurzfristig auszumisten, sondern einen langfristigen Erfolg mit unserer Dinge-Diät zu haben.

Wie wir das herausgefunden haben? Vera war von ihrem Schuhchaos so genervt, dass sie kurz nach der Begehung bei ihr einen Rappel bekam und ihre Schuhe radikal ausgemistet hat. Nur: Ein paar Wochen später hatte sie sich schon wieder etliche Paar neu gekauft, weil sie plötzlich fürchtete, keine gescheiten Schuhe mehr zu haben, und das Gefühl hatte, sich nach dem Verzicht und dem Abspeck-Erfolg jetzt ausnahmsweise ein neues Paar gönnen zu dürfen. Oder zwei. Oder drei. Und Platz war ja auch vorhanden.

Irgendwann beichtete sie uns ihren Rückfall. Gemeinsam fanden wir auch heraus, dass es nicht nur um Schuhe an sich geht, sondern dass Schuhe für sie eine Form der Selbstbelohnung sind, wenn ihr mal wieder von ihrem Chef die Anerkennung versagt bleibt.

Und nachdem wir ihre Story ein wenig hinterfragt haben, wurde uns klar: *Es reicht bei Weitem nicht aus, einfach zu entrümpeln, sondern wir müssen auch unsere etablierten Verhaltens- und Glaubensmuster hinterfragen.* Die gilt es anzupassen, wenn wir nachhaltigen Erfolg haben und nicht dem Jojo-Effekt zum Opfer fallen wollen, der ja auch bei klassischen Diäten gefürchtet ist. Also müssen wir erst mal verstehen, wie die Dinge in unser Leben kommen, um anschließend verhindern zu können, dass das unbewusst immer wieder passiert.

Selbsterkenntnis kommt vor Besserung

Es ist eine Tatsache, dass sich Dinge ganz unschuldig in unser Leben schmuggeln, es dann aber einen enormen emotionalen Aufwand und Stress erzeugt, sie wieder loszuwerden: Bei mir auf dem Schreibtisch saß ein kleiner Plüschteddy, der Moni gleich aufgefallen ist. Eigentlich hat der da auch wirklich nichts zu suchen, aber die Geschichte dahinter ist symptomatisch: Etwa drei Wochen vorher hatte ich den Teddy auf der Straße vor unserem Haus gefunden. Er lag im Dreck und ich habe ihn sozusagen gerettet. Nachdem ich ihn gesäubert hatte, ist er auf der Ecke des Schreibtischs gelandet. Und genau da saß er eben noch immer.

Petra hat noch ein Ballettkostüm aus der Jugend. Karlas Mann hat eine ganze Schublade alter Fernbedienungen. Bei jeder von uns standen oder stehen irgendwelche Dinge herum, die uns an früher erinnern – oder an eine fiktive Wunschzukunft: „Die Videokamera könnte ich ja noch brauchen, wenn ich endlich meinen langersehnten Mexiko-Urlaub mache."

Wir haben dann einfach mal ein paar *typische (und meist falsche) Glaubenssätze* herausgearbeitet, die uns daran hindern, Dinge wegzugeben:

- Das kann man immer mal brauchen.
- Das ist noch gut, so etwas wirft man doch nicht weg.
- Das war so teuer, das kann man doch nicht weggeben.
- Das hat der Vater damals von seinem mühsam Ersparten angeschafft.
- Das hat uns die Tante Herta zur Hochzeit geschenkt.
- Andere wären glücklich, wenn sie so etwas hätten.
- Stellen wir es auf den Speicher, dort stört es nicht.
- Wenn meine Nachkommen das mal erben, werden sie sich freuen.

Hinzu kommen Überzeugungen, die wir schon als Kinder erlernt haben. Unsere Eltern und Großeltern haben uns vielfach mit auf den Lebensweg gegeben, dass man nichts wegwerfen sollte, das man irgendwann noch brauchen oder notfalls eintauschen kann. Aber damals waren die Lebensumstände andere: Man lebte in der Großfamilie mit mehreren Personen zusammen oder doch in der Nachbarschaft und unterstützte sich gegenseitig. Viele nützliche Dinge „veralteten" auch nicht: Ein Hammer und eine Schubkarre waren nach Jahren noch ebenso funktional wie das Fahrrad oder das gute Besteck. Man besaß weniger – zwei, drei oder vier Hosen und Hemden mussten reichen. Und Modetrends und „Innovation" spielten eine wesentlich geringere Rolle als heute. Früher war „Aufbewahren" eine Form von Sparsamkeit, aber heute sieht das anders aus.

Wem können wir denn heute noch mit einer drei Jahre alten Bluse oder einem ebenso alten Handy Freude machen? Längst aus der Mode! Trotzdem hängen die alten Blusen in unseren Kleiderschränken und die alten Handys liegen in den Schubladen. Und zugleich nehmen wir mit einem unguten Gefühl all die Dinge mit, die uns unsere Eltern und Verwandten aufdrängen, um uns eine Freude zu machen. Noch mehr Dinge, die zu verstauen sind.

Überlegen Sie sich mal, wie viel Stauraum Sie nicht benötigen würden, wenn Sie all das überflüssige Zeug loswürden.

Dabei spielen auch Themen wie Verlustängste, Angst vor schlechteren Zeiten, schlechtes Gewissen, wenn man etwas Gutes weggibt, und Ähnliches eine Rolle. Man hat schließlich hart dafür gearbeitet, sich etwas leisten zu können, oder? Und jetzt soll man es ganz einfach entsorgen?

Es fällt uns oft deshalb so schwer, loszulassen und auf angehäuften Besitz zu verzichten, weil wir unter dieser Verlustangst leiden. Psychologen haben herausgefunden, dass die Verlustangst und der Schmerz, der damit verbunden ist, sich von etwas lösen zu müssen, die Freude und den Nutzen aus dem Besitz meist deutlich überwiegen. Nicht der Nutzwert hält uns also vom Entmüllen ab, sondern das Gefühl des Verlusts.

Dabei ist die Verlustangst mal wieder ein Relikt aus unserer Urzeit: Früher war es wesentlich aufwendiger, Besitz anzuhäufen. Es gab keine Supermärkte und kein Online-Shopping. Unsere Vorfahren mussten ihr Leben riskieren, um sich ein Stück vom Mammut zu sichern. Die Waffe und das wärmende Fell waren überlebensnotwendig. Und auch der richtige Partner war ein umkämpftes Gut. Kein Wunder, dass wir Urinstinkte besitzen, die uns mit Zähnen und Klauen unseren Besitz verteidigen lassen – auch wenn uns rational durchaus klar ist, dass vieles, was wir besitzen, kaum echten Nutzwert für uns hat oder uns sogar belastet.

Heute ist „Besitzen" viel leichter als früher. Aber die Verlustangst haben wir beibehalten. Wenn es um lebensnotwendige Güter oder um Beziehungen geht, ist sie durchaus auch heute noch sinnvoll. Aber vieles ist eben nicht notwendig, sondern erfüllt nur eine Ersatzfunktion.

Es gibt furchtbar viele Gründe, warum man etwas nicht weggeben mag. Wir alle besitzen Dinge, die wir uns zum Trost, zur Erinnerung an schöne Zeiten oder als Statussymbol geleistet haben. Da geht es gar nicht darum, ob die Sachen „nützlich" sind – der Nutzwert bezog sich nie auf die Funktion, sondern auf den Besitz.

Wenn wir uns etwas gönnen, wird es zu unserem Baby. Wir sind stolz darauf wie junge Eltern. Leider erweisen wir uns dann oft als Rabeneltern, wenn wir „unser Baby" achtlos in den Schrank stellen oder auf den Speicher verbannen.

Aber es ist nicht nur der Widerstand gegen den Verlust unseres Besitzes, sondern auch auch die Frage danach, warum wir etwas überhaupt anschaffen oder besitzen. Ich habe nie nein sagen können, wenn meine Mutter oder meine Großmutter mir irgendetwas in die Hand drückte. Und obwohl Letztere längst tot ist, habe ich immer noch die von ihr bestickten Tischdeckchen, die ich niemals im Leben verwenden werde. Gott behüte, dass ich sie weitervererbe. Und Karla gab freimütig zu, dass sie auch deswegen in Lebensmittelvorräten ertrinkt und zu viel kauft, weil sie nicht einschätzen kann, wie viel sie braucht, und keinen Überblick über ihre Vorräte hat. Übrigens eine Gelegenheit für Moni, zuzugeben, dass sie sich schon häufiger Taschenbücher doppelt gekauft hat, weil sie im Geschäft nicht wusste, ob sie diesen Band einer Serie schon besaß. Übersicht ist also wichtig – und es nützt wenig, wenn die Liste dann zu Hause rumliegt.

Vieles hat sich auch spontan angesammelt. Mal war es ein tolles Sonderangebot, mal ein Frustkauf, mal ein Geschenk und mal sind uns die Dinge einfach begegnet. Und dann waren sie da. Und sind bis heute geblieben.

Ein weiterer Grund: Fehlkäufe! Eigentlich sollte man die entweder gleich umtauschen, weitergeben oder entsorgen, aber wer macht das schon? Wir haben eigentlich alle unbequeme, drückende und zu enge Schuhe („aber die sehen doch so gut aus") im Schrank, Hautcremes, die so fettig sind, dass man sie besser zum Schmieren von quietschenden Scharnieren nutzen als sie auf die Haut lassen sollte, und Glühbirnen – *pardon:* Leuchtmittel – die in keine Lampe passen. Bitte: Warum heben wir den Kram eigentlich auf? Hilft er bei der Abwehr der kommenden Zombiecalypse? (Ich wollte das Wort unbedingt unterbringen, wenn ich schon mein erstes Buch schreibe ;-))

Prinzipiell ist das alles okay, solange es nicht belastet. Es ist keine Wertung damit verbunden, etwas zu besitzen. Wer gerne sammelt und hortet und sich dabei wirklich wohlfühlt, soll das machen. Aber wenn wie bei uns fünf ein Leidensdruck oder zumindest ein Unbehagen entsteht, dann sollte man eben was tun.

Wir haben daher versucht, bei unseren „Problemzonen" in der Tabelle immer auch den Grund aufzuschreiben, warum wir die Dinge besitzen – also was wir damit verbinden. Wenn uns dazu ad hoc kein guter und auch für Außenstehende nachvollziehbarer Grund einfällt, ist das in der Regel ein klares Indiz für *weg damit*.

Gehen Sie Ihre Liste durch: Welche Glaubenssätze und Träume stecken hinter den identifizierten Problemzonen? Bei welchen

Besitztümern sind Ihre Verlustängste am größten? Setzen Sie Prioritäten und berücksichtigen Sie auch die Interessen derjenigen, mit denen Sie zusammenleben.

Vorsicht bei Ersatz und Anschaffungen

Das Verständnis für das *Warum* ist auch wichtig, wenn es darum geht, das „Gewicht" auf Dauer zu halten. Die Mechanismen zu verstehen, warum sich so viel Zeug ansammelt, hilft dabei, die schlechten Gewohnheiten zu entlarven und durch andere, bessere, zu ersetzen oder sie abzustellen. Es nützt ja nichts, wenn ich den Kleiderschrank ausräume, nur um dann bei nächster Gelegenheit Ersatz zu kaufen.

Bevor es daran ging, wirklich auszumisten und abzuspecken, haben wir uns daher auch die Frage gestellt, was uns davon abhalten könnte, den gewonnenen (Frei-)Raum gleich wieder mit neuen Besitztümern anzufüllen. Ich hatte früher schon mal in einer Panikattacke einen großen Teil meiner Bücher verschenkt, weil ich das überfüllte Regal, den Stapel auf dem Nachttischschränkchen und die diversen Bücherstapel in irgendwelchen Ecken einfach nicht mehr sehen konnte. Und auch gefühlt gar nicht zum Lesen kam. Das ist ein paar Wochen leidlich gut gegangen, in denen ich mich an den leeren Flächen erfreut habe. Aber dann habe ich doch wieder angefangen, die Wühlkisten nach Schnäppchen abzugrasen, und in kürzester Zeit waren neue Stapel ungelesener Bücher gewachsen. Jojo-Effekt.

Als ich das erzählte, hat Petra mir übrigens zugestimmt, aber zugleich auch zwei nützliche Tipps gegeben: Einerseits kann man sich Bücher auch ausleihen (und die sind gar nicht so „bäh" wie in der Stadtbücherei aus meiner Kindheit) und zum zweiten kann man auch elektronisch lesen – mache ich jetzt und bin stolze Besitzerin eines E-Book-Readers.

Aber man muss sich klarmachen, was die unmittelbare Auswirkung von Konsum ist: Sie haben nach dem Kauf weniger Geld als zuvor, dafür sind Sie um einen Besitz reicher.

Im einfachsten Fall haben Sie den Betrag schlicht übrig: Dann können Sie die Anschaffungskosten direkt mit dem Betrag für den Kauf gleichsetzen.

Anders sieht es natürlich dann aus, wenn Sie sich die Anschaffung eigentlich nicht leisten können. Nehmen Sie beispielsweise den Betrag aus einem eigentlich anders verplanten Budget, dann müssen Sie strenggenommen die in Kauf genommenen Einschränkungen an anderer Stelle als „Opportunitätskosten" zum Kaufpreis hinzurechnen. Noch schlechter wird die Bilanz, wenn Sie auf Pump kaufen. Dann müssen Sie die Zinsen und sonstigen Kosten berücksichtigen. Zudem blockieren Schulden ggf. andere wichtige Anschaffungen.

Und dann kommen auch noch Folgekosten dazu: Karla und ihr Mann haben zu zweit drei Autos. Für alle drei kommen zu den Anschaffungskosten Steuern, Versicherungen, Verbrauchskosten, Reparaturen und sonstige Unterhaltskosten, der notwendige Standplatz und so weiter. Mein Mann wollte irgendwann zur WM einen neuen Fernseher. Aber dazu kamen dann ein neuer Receiver, irgendwelche Boxen und schließlich das Sky-Abo, das uns ungefähr 298 zusätzliche Programme beschert, von denen wir 293 vermutlich nie schauen.

Jaja, ich weiß: Im Laden denken wir oft nicht so rational und überlegen uns detailliert das Für und Wider eines Kaufs eher selten. Aber eigentlich sollten wir das. Und wir haben auch alle festgestellt, dass wir immer wieder zu Spontankäufen neigen, auch wenn wir es eigentlich besser wissen sollten.

Wichtig wäre eigentlich:

- Spontankäufe zu vermeiden,
- bei jedem Kauf vorab das Für und Wider abzuwägen,
- grundsätzlich die Gesamtkosten zu berücksichtigen und
- immer schon beim Kauf daran zu denken, dass man das Teil auch irgendwann wieder loswerden muss.

Petra hat dazu etwas Interessantes ausgegraben: Der französische Philosoph Denis Diderot beschrieb schon 1772, dass Neuanschaffungen nur Ärger machen: Als er sich einen neuen, scharlachroten Hausrock gönnte, sah er sich in der Folge bemüßigt, die Wohnung umzugestalten, damit sie zum Neuerwerb passte. Und ja: Wir haben alle grinsen müssen, dass ausgerechnet Petra diese historische Anekdote ausgegraben hat.

Mein Mann war da pragmatischer: Als ich ihm nämlich von unseren Vorbereitungen zur Dinge-Diät erzählte, meinte er lapidar: „Weiß man doch seit *Fight Club* und Tyler Durden: *The things you own end up owning you!*“ Fight Club ist einer seiner Lieblingsfilme – und er hat keine Ahnung, was für einen großen Gefallen er uns mit diesem Satz getan hat. Den haben wir uns nämlich alle aufgeschrieben:

„The things you own end up owning you!“
– Tyler Durden in *Fight Club*

Und wenn unsere Männer nicht mitziehen wollen, werden wir ihnen ihr eigenes Idol vor Augen halten. *Ha!*

Und noch eine wichtige Erkenntnis, die uns eigentlich mahnen sollte: Wir alle haben unser Leben ohne Besitz begonnen und am Ende unseres Lebens treten wir auch ohne alles wieder von der Bühne ab. In der Zeit dazwischen häufen wir immer mehr Besitz, aber damit auch immer mehr Verpflichtungen und Abhängigkeiten auf.

Klar, Konsum bestimmt unser Leben – wer nicht konsumiert und sich den Verlockungen der Supermärkte und Einkaufstempel vollständig versagt, gilt als Sonderling. Und natürlich geht es auch nicht mehr ohne: Die Zeiten, in denen jemand weitgehend als Selbstversorger und durch Tauschhandel über die Runden kam, sind längst passé.

Aber es geht uns allen fünf ja nicht um Askese, sondern um ein gesundes Maß, bei dem wir genießen können, ohne im Chaos und Konsumspeck zu versinken. Wenn wir uns darauf beschränken könnten, Dinge zu erstehen, die notwendig zum Leben oder doch zumindest längerfristig irgendwie nützlich sind, dann wäre uns allen schon geholfen. Aber wir umgeben uns mit Besitz, den wir zu 75 Prozent fast nie nutzen, der nur Raum verstellt und Geld kostet und den wir uns manchmal nicht einmal leisten können.

Stellen Sie sich das bildlich vor: Untersuchungen belegen, dass in einem typischen Haushalt drei von vier Dingen im Grunde nie benötigt werden! 75 Cent von jedem Euro, den wir ausgeben, könnten wir uns also im Grunde auch sparen. Natürlich waren wir voller Euphorie, als wir uns die neue Kamera, den tollen Küchenhelfer und den Gartengrill mit Superausstattung geleistet haben. Doch genutzt haben wir sie kaum. Loslassen und den überflüssigen Besitz zu reduzieren fällt uns aber verdammt schwer, denn es wirkt wie ein Scheitern auf uns, wie das Eingeständnis, eine schlechte Entscheidung getroffen oder die eigenen Interessen verraten zu haben.

Andererseits kann ich jetzt aus der Erfahrung mit unserer Dinge-Diät sagen: So schwer es mir auch fiel, mich von manchen Besitztümern zu trennen, so wenig habe ich sie wirklich vermisst, nachdem sie weg waren. Mehr noch: An vieles, das ich einmal als wichtig und wertvoll ansah, konnte ich mich nicht einmal mehr erinnern, nachdem der „Trennungsschmerz“ überwunden war. Und das ging uns allen so.

Stellen Sie sich mal vor, was Sie künftig mit dem eingesparten Geld alles machen können. Allein Lebensmittel im Wert von 750 Euro wirft ein typischer Haushalt im Jahr einfach weg. Das ist ein toller Wochenend-Trip! Die Dinge-Diät hilft, sich nicht nur von unnötigem Konsumballast zu befreien, sondern auch, neuen nicht mehr so unbedarft anzuhäufen. Aber dahinter steckt mehr: Es geht nicht nur um physische Produkte, die zur Last werden, sondern auch darum, den eigenen Lebensstil so zu gestalten, dass er weniger Ballast umfasst und mehr Freiraum bietet.

Schwachstellen analysieren und Prioritäten festlegen

Was unsere Runde durch die Häuser und Wohnungen auch gezeigt hat: Die Chaos-Toleranz ist bei jedem Menschen unterschiedlich und auch nicht über alle Bereiche gleich. Mich stört das Gerümpel im Keller weniger, das mein Mann dort hortet – das hat vorerst geringere Priorität, auch wenn ich diesen Bereich irgendwann auch mal angehen will. Dafür war die Küche für mich ein echtes Problemfeld. Petra hat eigentlich keine einzelnen Problemzonen, sondern leidet vor allem an ihrem eigenen Wunsch nach Perfektion. Und bei Vera lässt sich das Problem in generellem Platzmangel – oder besser: überbordendem Kram – verorten.

Deshalb ist es auch wichtig, für sich ganz individuell festzulegen, wo die Toleranzschwelle überschritten ist, und dort mit der Dinge-Diät zu beginnen. Zu beachten ist dabei jedoch, dass es meist so viele unterschiedliche Interessen und Prioritäten wie Bewohner gibt.

Es geht also auch darum, die verschiedenen Interessen zu berücksichtigen und abzugleichen.

Wir haben uns nach der Begehung als Nächstes die Fotos, Tabellen und Notizen für jeden einzelnen Raum vorgenommen. Wir hatten uns ja alle zu jedem Raum Notizen gemacht, nicht nur zu den eigenen. Nun haben wir jede für sich die jeweils wahrgenommenen Schwachstellen und – ganz wichtig! – schnell umsetzbare Lösungsideen herausgearbeitet und alles zusammengetragen. Das hat mich an meine Seminargruppe im Studium erinnert (auch schon einige Zeit her): Alle waren mit Eifer bei der Sache und haben spannende Anregungen und Sichtweisen gesammelt. Es ist verblüffend, wie viel kreatives Potenzial zusammenkommt, wenn fünf Augenpaare ganz unvoreingenommen auf eine Problemzone schauen statt nur ein Paar, das zudem die Frust- oder Abwehrbrille auf hat.

Schließlich haben wir unsere Erkenntnisse jeweils in einer einzigen Tabelle pro Raum zusammengefasst – genauer: Diejenige, die den Raum bewohnt, hat das gemacht. Sie durfte dann auch ihre ganz persönlichen Prioritäten festlegen, wobei für alle ganz wichtig war, dass sie wussten, sie haben für die Umsetzung den Rückhalt der vier anderen.

Mit den Grundlagen, die ich in den vorstehenden Kapiteln beschrieben habe, und diesen Aufstellungen waren wir gut gerüstet, jetzt auch das Gespräch mit unseren Lebenspartnern bzw. unserer Familie zu suchen. Singles wie Vera haben es da natürlich etwas einfacher. Aber wir haben festgestellt, dass man das Beharrungsvermögen und den Widerstand des Lebenspartners mit guten Argumenten und praktikablen Vorschlägen schnell aufweichen kann.

Wenn Sie sich auf den letzten Seiten gefragt haben, warum ich so viel um den heißen Brei herumgeredet habe, anstatt einfach draufloszuräumen: Genau das ist der Grund. Die ganze Vorbereitung ist wichtig, um sich selbst über die eigenen Ziele klar zu werden, seinem Umfeld gegenüber dies zu erklären und den Lieben die Dinge-Diät auch schmackhaft machen zu können.

Das ist auch wieder wie bei einer „richtigen“ Diät: Wenn man ständig zu hören bekommt, dass man doch gar nicht abnehmen müsse oder dass die Diätmahlzeit schrecklich aussieht und außerdem nicht gut schmeckt, dann ist das Scheitern schon vorprogrammiert.

Die Gespräche liefen denn auch bei allen Non-Singles wirklich gut. Zwar wurde noch ein wenig an den Prioritäten und Zielen geschraubt, aber das Ziel von Partnerschaft ist ja ein Miteinander, kein Gegeneinander. Und notfalls haben wir die *Fight-Club*-Keule geschwungen ;-)

Maßnahmen planen

„Nur ein wenig aufräumen und Ordnung schaffen“ reicht nicht. Wir alle haben das vergeblich ausprobiert: Man räumt Sachen von A nach B, pickt sich zur Gewissensberuhigung ein paar Dinge raus, die nun wirklich Abfall sind, und freut sich ein paar Tage lang an dem Ergebnis. Nur: Nach diesen paar Tagen ist alles wieder beim Alten. Und wir haben ja auch nicht wirklich Platz geschaffen, sondern nur kurzzeitig ein wenig effizienter gepackt und versteckt.

Doch bei unserer Dinge-Diät handelt es sich ja um eine *Diät* – auch wenn sich die Dinge-Diät nicht auf das Abspecken Ihre eigenen Pfunde bezieht, sondern jenes Ihres überflüssigen Besitzes. Also muss auch wirklich etwas weg. Und da zählen nicht 23,5 Gramm Nachtcreme, sondern Pfunde und Kilos.

Aber was macht eigentlich eine Diät erfolgreich oder lässt sie zum Fiasko werden? Wir alle haben etliche Diäten ausprobiert und waren oft genug von den Vorgaben genervt und von den Resultaten ziemlich enttäuscht. Also haben wir uns gefragt, was wir aus diesen

Fehlschlägen für unsere Dinge-Diät lernen und bei der Umsetzung berücksichtigen sollten. Hier einige Ergebnisse unseres kleinen Brainstomings:

- Die Rezepte und Übungen müssen Spaß machen und in das eigene Leben passen.
- Man braucht nicht nur eine Hilfestellung, um die Pfunde abzubauen, sondern auch, um das Wunschgewicht dann auch zu halten.
- Je mehr schnelle Erfolgserlebnisse, desto motivierter bleibt man bei der Sache.
- Die Diät muss sich auch mit dem Lebenspartner und der Familie vereinbaren lassen und diese möglichst einbeziehen. (Das gilt natürlich besonders, wenn man die gemeinsamen vier Wände entschlackt.)
- Es gibt ganz unterschiedliche Vorlieben und Neigungen. Je flexibler sich die Diät daran anpassen lässt, umso besser.
- So, wie die eine einen strafferen Po und die andere 10 Zentimeter Bauchumfang weniger möchte, hat man auch bei der Dinge-Diät ganz individuelle Ziele und Vorstellungen. Die Methoden dürfen also nicht zu starr sein, jeder soll sich damit wohlfühlen und seinen eigenen Weg finden können.

Ganz ähnlich wie bei einer Diät geht es also letztlich nicht darum, sklavisch eine Zeitlang ein paar Regeln zu befolgen, sondern die eigenen Lebensumstände zu analysieren und die Tipps für sich individuell anzupassen. Dabei ist es entscheidend, sich wohlzufühlen. Ansonsten sind die Ergebnisse der Anstrengungen rasch dahin und es kommt, ganz wie bei einer richtigen Diät, zu Demotivation oder zum gefürchteten Jojo-Effekt.

Hier unsere Tipps, damit das Abspecken bei der Dinge-Diät wirklich funktioniert und bleibenden Erfolg zeigt:

- *Eliminieren Sie:*
  Weg mit allem, was überflüssig und nicht notwendig ist.

- *Reduzieren Sie:*
  Wie viel Besteck, wie viele Tassen, Tischdecken und Socken braucht man wirklich? Behalten Sie nur das, was Sie tatsächlich gerne nutzen. So ersparen Sie sich auch das Dilemma, die schönsten („guten") Sachen im Schrank aufzubewahren und nie zu verwenden, weil das Alte „ja noch gut genug ist".

- *Kombinieren Sie:*
  Multi-use ist cleverer als tausend Gegenstände zu besitzen, die nur einen ganz bestimmten Einsatzzweck haben und deshalb fast nie verwendet werden. Ich habe das in meiner Küche gesehen, aber auch bei meiner Handtasche, die ich entrümpeln konnte, weil ich mein Handy jetzt besser nutze.

- *Digitalisieren Sie:*
  Abfotografieren und Digitalisieren hilft nicht nur, die lästigen Altpapierbestände loszuwerden, sondern digitale Medien können auch CDs, DVDs, Bücher usw. ersetzen.

- *Verkleinern Sie:*
  Statt eines 60-Zoll-Fernsehers tut es vielleicht auch ein 40-Zöller. Statt des großen Messersets kommen Sie in der Küche auch mit vier oder fünf hochwertigen, bewusst ausgewählten Messern aus. Und wann haben Sie das Service für 24 Personen zum letzten Mal wirklich genutzt? Auch der riesige Samsonite-Reisekoffer schien mal praktisch, aber in Wirklichkeit ist er viel zu schwer, verleitet dazu, viel zu viel auf Reisen mitzunehmen und von dort mitzubringen, und passt nicht mal bequem in den Pkw.

- *Seien Sie kreativ:*
  Wir haben auch festgestellt, dass uns all unser Besitz dazu verleitet, uns nur noch berieseln zu lassen. Kreativität passt zur Dinge-Diät, weil damit der Erlebnisfaktor gestärkt wird: statt TK-Pizza

oder Pizza vom Lieferdienst einfach mal selbst mit den Kids frische Pizza backen; wenige Klamotten immer wieder clever zu neuen Outfits kombinieren; Urlaubs-„Action"-Fotos mit dem Smartphone schießen statt eine neue Kamera zu kaufen und doch nur Bilder zu machen, die man genau so schon millionenfach gesehen hat.

- *Reparieren oder recyceln Sie:*
  Was den Funktionstest nicht besteht, wird repariert oder kommt weg. Manches kann man auch recyceln und so den eigenen ökologischen Fußabdruck verringern. Informieren Sie sich.

- *Befreien Sie sich von Ängsten:*
  Ich war früher immer total hektisch, wenn es auf Reisen ging, weil ich fürchtete, irgendetwas Wichtiges nicht eingepackt zu haben. Irgendwann habe ich dann begriffen, dass ich nur Pass, Geld und Tickets wirklich brauche. Alles andere kann ich mir ggf. auch vor Ort besorgen. Und genau das passt auch auf die Dinge-Diät: Man muss nichts „nur für den Fall" aufheben. Verlust- und Versagensängste sind also völlig unnötig.

- *Denken Sie beim Kauf ans Wieder-Loswerden:*
  Alles, wirklich alles, was wir in unsere Wohnung schleppen, muss da irgendwann wieder raus. Entweder, wir sorgen selbst dafür, oder es muss später jemand anderes erledigen. Es ist also am besten, gleich so wenig wie möglich anzuschaffen.

- *Verzichten Sie, seien Sie Sie selbst und kein Durchschnitt:*
  Nur weil Ihre Kollegen, Freunde und Nachbarn einen bestimmten Lebensstil pflegen, müssen Sie dem nicht nacheifern.

- *ErLEBEN Sie:*
  Erlebnisse sind viel wichtiger als Besitz. Sie können uns nicht genommen werden. Sie verbinden uns. Und sie sind einzigartig!

Merken Sie was? Bei der Dinge-Diät geht es immer wieder um zwei entscheidende Fragen. Und die lauten überspitzt:

1. *BRAUCHE ich das wirklich oder wollte ich es nur mal HABEN?*
2. *Was bringt mir das EMOTIONAL: ein positives Gefühl oder doch nur Stress?*

Die acht Prinzipien der Dinge-Diät

Den Kern unserer Dinge-Diät haben wir schließlich in acht Prinzipien zusammengefasst. Fanfare, Applaus bitte – ich präsentiere Ihnen stolz die Quintessenz unserer monatelangen Überlegungen und Experimente:

1. **Dinge loswerden:** sinnvoll reduzieren und loslassen
2. **Dinge ersetzen:** öffentliche Verkehrsmittel statt Auto, digital statt analog
3. **Dinge ausleihen und mieten:** nutzen statt besitzen
4. **Dinge multifunktional nutzen und wiederverwenden**
5. **Dinge gemeinsam nutzen:** Kosten und Verantwortung teilen
6. **Dinge selbst machen:** Zeit in Erfahrungen investieren, Neues lernen
7. **Auf Dinge verzichten:** Kaufrausch durch Erlebnisse ersetzen
8. **Verhalten ändern:** Routinen hinterfragen, gute Gewohnheiten entwickeln

Für Ihre Notizen:

TEIL IV.

DAS GEWICHT HALTEN – FÜR IMMER

Eine Diät ist erst dann erfolgreich, wenn das Gewicht nachher nicht wieder hochschnellt. Es darf also kein Jojo-Effekt eintreten, der dazu führt, dass sich nach der Diät rasch neue Dinge ansammeln oder sogar noch mehr Zeug als vorher zusammenkommt.

Dieser Jojo-Effekt ist auch deshalb so gefürchtet, weil man sich dann mit der vorangegangenen Diät quasi bewiesen hat, dass solche Diäten nichts bringen. Man wehrt sich also gar nicht mehr dagegen, dass sich immer mehr Dinge ansammeln und der gewonnene Freiraum langsam, aber stetig wieder eingeschränkt wird. Einige von uns haben den Jojo-Effekt bei früheren Entrümpelungsaktionen erlebt und deshalb war es uns besonders wichtig, ihm bei unserer Dinge-Diät einen Riegel vorzuschieben.

Aber wie vermeidet man, dass sich wieder etwas ansammelt? Wie hält man die Diät für immer? Dazu ist es notwendig, die Dinge-Diät nicht einfach als eine befristete Phase zu sehen, *sondern als Ausdruck eines neuen Lebensstils*. Einerseits ist es wichtig, an die Vorteile zu glauben und sie auch tatsächlich zu erleben und auszukosten, andererseits benötigt man neue Routinen, die die Konzepte der Dinge-Diät im Alltag verankern.

Selbsthilfegruppe gegen den Jojo-Effekt

Wir sind uns alle einig: **Gemeinsam fällt es leichter, das Gewicht zu halten.**

Nachdem wir bei Vera waren und dann im Café saßen, um unsere Beobachtungen und Notizen zu besprechen, eröffnete Vera die Runde mit ernster Miene und ganz feierlich mit den Worten: „Ich heiße Vera und bin schuhsüchtig!“ Das auf diese Eröffnung folgende Gelächter ließ die Bedienung sicher ein wenig an unserem Geisteszustand zweifeln – aber damit war für uns alle klar: Unsere kleine Selbsthilfegruppe war gegründet. Die ADDG: die *Anonyme Dinge-Diät-Gruppe*.

Und auch, wenn wir uns eher spaßeshalber als solche bezeichnen, bin ich doch davon überzeugt, dass darin ein wahrer Kern steckt. Es fällt mir wesentlich leichter, nicht wieder in meine alten Konsumgewohnheiten zurückzufallen, weil ich weiß, dass wir eine eingeschworene Truppe bilden und füreinander da sind.

Daher lautet mein Tipp für Sie auch: *Suchen Sie sich Freundinnen und Freunde, mit denen Sie gemeinsam die Dinge-Diät durchführen.*

Bei unseren Begehungen haben fünf Augenpaare wesentlich mehr gesehen als nur eines. Und es kamen immer wieder ganz andere Blickwinkel ins Spiel, neue Ideen, wie eine Situation optimiert werden kann, was gebraucht wird und was überflüssig ist, und oft war es auch wichtig, sich mal aussprechen zu können und einfach die Meinungen und die Leidensgeschichten der anderen zu hören. Übrigens erst recht nach der Begehung und den ersten Abspeck-Bemühungen: Wir haben uns auch über die Beharrlichkeit unserer Lebenspartner und Kinder ausgetauscht und wie wir damit umgehen können. Und darüber, warum es uns schwerfällt, manches loszulassen – und auch über unsere eigenen Schwächen und Rückfälle. Wäre jede von uns mit ihren Problemen allein geblieben, dann hätten die meisten wohl nicht bis heute durchgehalten.

Außerdem war es auch toll, dass wir im wahrsten Sinne gemeinsam angepackt haben. Karla hat sich ein paar Mal bereit erklärt, Müllsäcke, defekte Geräte und Sperrmüll mit ihrem großen Wagen auf die Deponie zu fahren. Wir alle haben bei Veras Einpackparty tatkräftig mitgewirkt. Und dass Petra meine Küche optimiert hat, war ja für mich eine sehr große Unterstützung.

Die Sache mit dem geringsten Widerstand

In den bisherigen Phasen haben Sie gelernt, die Problembereiche zu erkennen und den Speck loszuwerden. Aber angesammelt hat sich der Wohnungsspeck durch ein bestimmtes Verhalten. Das gilt es in Zukunft zu verändern, und dazu muss man die alten Gewohnheiten hinterfragen und erkennen.

Das ist wieder wie bei einer richtigen Diät: Die überzähligen Pfunde haben sich angesammelt, weil man sich zu wenig sportlich betätigt und ungesund ernährt hat. Einmal die Pfunde abtrainieren hilft nur eine Zeitlang – wer die Diät irgendwann beendet und dann wieder in die alten Gewohnheiten zurückfällt, legt natürlich wieder zu.

Eine der wichtigsten Erkenntnisse war auch, dass sich der Speck schnell wieder einstellt, wenn man ihm sozusagen Nährboden gibt.

Zwar setze ich das selbst noch viel zu selten um, aber man sollte wirklich jeden Abend alle Zimmer wieder in dem Zustand haben, in dem sie am Morgen waren. Wenn also eine Bügelstunde ansteht, kommt das Bügelbrett und das Bügeleisen (nach dem Abkühlen) danach gleich wieder weg. Am Abend liegen noch Sachen auf dem Schreibtisch, die da nicht hingehören? Aufräumen und Überzähliges in die Kiste. (Natürlich gibt es – seltene – Ausnahmen: Wenn man die Steuererklärung macht, bleibt vielleicht mal etwas zwei Tage liegen, weil die Aufgabe nicht abgeschlossen ist. Aber das sind sehr seltene Ausnahmen!)

Chaos und Ballast schleichen sich vor allem durch die Hintertür ein. Daher ist es auch wichtig, nicht einfach der Familie hinterherzuräumen, sondern sie mit ins Boot zu bekommen. Sonst ist das eine Sisyphus-Arbeit, bei der man irgendwann frustriert aufgibt. Also muss man echt daran arbeiten, dass man das Gewicht hält, und darf sich nicht auf den ersten Erfolgen ausruhen.

Sehr geholfen haben uns dabei die Fotos, die wir von den Problemzonen gemacht haben. Ursprünglich waren diese ja nur entstanden, damit wir später im Café über die Problembereiche nicht nur reden, sondern sie auch nochmal anschauen konnten. Aber dann hat sich das verselbstständigt. Vorher-nachher-Fotos sind eine echte Motivation. Und irgendwann hat die Erste von uns ein paar Fotos von ihren Abspeckerfolgen mitgebracht – und dann haben wir das alle gemacht. Wie war das? Dinge, auf die man stolz ist, zeigt man auch gerne anderen! Und es hatten ja alle ihren Anteil an den Erfolgen. Aber dabei ist es nicht geblieben. Mittlerweile machen wir nicht nur Fotos von Problembereichen vor und nach dem „Abspecken", sondern immer wieder. *Das sind unsere Vorher-nachher-nachher-Fotos.* Die zeigen, ob es uns gelingt, die Bereiche auch wirklich in dem Zustand zu belassen, ob wir es schaffen, sogar noch weiter abzuspecken – oder auch, ob der Schlendrian einreißt und sich wieder Speck und Chaos ausbreiten. Das hilft auch, in solchen Fällen rechtzeitig gegenzusteuern und bei Bedarf auch der Familie plastisch vor Augen zu führen, was schiefläuft.

Während die Fotos eine Form der Motivation sind, die man auch allein für sich nutzen kann, kommt eine andere Form der Motivation aus unseren Gesprächen miteinander. Zu erleben, dass man nicht nur selbst Probleme hat, sondern auch andere, und diese Probleme miteinander besprechen zu können, ist enorm wichtig. Einmal war Karla total fertig, weil sie das Gefühl hatte, ihr Mann würde sie bei der ganzen Aktion überhaupt nicht unterstützen. Vielleicht hätte sie an dieser Stelle aufgegeben, wenn sie nicht mit uns anderen darüber hätte reden können.

Und ein anderes Mal war Vera am Boden zerstört, weil sie sich dazu hinreißen hatte lassen, gleich mehrere Paar Schuhe zu kaufen. Gemeinsam haben wir herausgearbeitet, dass es eine Ersatzhandlung war, weil sie ein schwieriges Projekt erfolgreich abgeschlossen hatte, aber keinerlei Anerkennung von ihrem Chef bekam. Da wollte sie sich selbst belohnen und trösten und kam um den nächsten Schuhladen nicht herum. Kein wirkliches Problem, wenn man gemeinsam nach den Ursachen forschen kann – aber wer schafft das schon möglichst rational, wenn er niemanden zum Zuhören und Reden hat?

Erlebnis statt Besitz

Am Anfang hatten wir alle auch ein wenig Angst, dass uns der Gruppendruck vielleicht dazu zwingen würde, Sachen aufzugeben, die vielleicht ein wenig unvernünftig und irrational sind, uns aber viel bedeuten. Muss ich den aus dem Straßendreck geretteten Teddy in den Müll schmeißen, weil er auf meinem Schreibtisch nichts zu suchen hat? Nein, er hat nur einen anderen Platz bekommen.

Die Dinge-Diät bedeutet nicht Askese, nicht bedingungslosen Verzicht, sondern sorgt dafür, dass man sich mehr leisten kann, mehr Freiraum, weniger Stress und Chaos hat. Wir haben gelernt, dass jeder Raum seine Funktion hat, dass Dinge eine Funktion haben – und dass wir viele Räume mit Dingen belasten, die nicht zur Funktion des Raums passen und die selbst ihre Funktion für uns längst eingebüßt haben. Sie sind unnötiger Konsumspeck. Ballast, den wir mit uns herumschleppen und der uns nichts bringt.

Gern würde ich meine Handtasche mit Inhalt vor Beginn unserer Dinge-Diät im Vergleich zu heute wiegen – heute befindet sich darin viel weniger „Kram“ als früher. Aber das schränkt mich nicht ein: Es ist im wahrsten Sinne des Wortes erleichternd, übersichtlicher, praktischer und gibt mir „Freiraum“. Damit ist sie ein perfektes Sinnbild für die Idee hinter der Dinge-Diät. Und wir haben alle ähnliche Erfahrungen gemacht.

Weniger unnützer Kram bedeutet auch, dass wir bewusster einkaufen. Statt den Besitz in den Vordergrund zu stellen, wird das Erlebnis wichtiger. Weil ich mir weniger kaufe als früher, habe ich mehr Geld für das, was mir wirklich wichtig ist. Und so habe ich meinen Mann spontan auf einen Wochenendtrip nach Paris eingeladen, den wir uns früher nie geleistet hätten. Vera hat immer von einem eigenen Motorrad geträumt. Aber jetzt hat sie den Traum aufgegeben. Nicht, weil er in unerreichbarer Ferne liegt, sondern weil es nicht um das Motorrad, sondern um das Fahren geht – und das kann sie sich jederzeit leisten: Jetzt leiht sie sich manchmal eine Maschine und geht mit Freunden oder auch allein auf Tour.

Das ist es auch, was wir alle weiter ausbauen möchten: Mehr erleben, weniger besitzen. Mehr Taten, weniger Träume. Mehr Freiraum, weniger Einengung und Ballast.

Die Dinge-Diät hilft also auch, bewusster zu leben und das Leben zu zelebrieren. Und mit diesen Zielen und Vorteilen ist es auch einfach, Mitstreiter in der Familie und im persönlichen Umfeld zu finden.

Dazu gehört auch, sich für Erfolge zu belohnen: Gönnen Sie sich etwas, Sie haben es sich verdient! Nur wählen Sie bewusst und denken Sie bei Käufen auch immer daran, ob der Besitz wirklich zielführend ist oder langfristig nicht mehr Probleme als Vorteile bringt.

Regeln festlegen

Um sinnlose Neuanschaffungen zu vermeiden, die passieren, weil man wieder in sein altes Verhaltensmuster zurückfällt, haben wir uns selbst Regeln auferlegt – jede für sich und individuell abgestimmt auf die eigenen Schwächen.

Beispiele gefällig?

- Nur drei Paar Schuhe stehen draußen.
- Küche sofort aufräumen, kein dreckiges Geschirr in der Spüle stehen lassen.
- Wenn ich mir eine neue Handtasche leiste, muss ich eine alte weggeben.
- Offene Flächen jeden Abend leerräumen (Kiste!).
- Klopapier wird erst wieder gekauft, wenn nur noch fünf Rollen vorhanden sind.
- Anschaffungen immer eine Nacht überschlafen.
- Jeden Tag mindestens ein Ding entsorgen.
- 30 Tage keine neuen Zeitschriften kaufen.

Mittlerweile sind mir die Grundlagen und Konzepte der Dinge-Diät so in Fleisch und Blut übergegangen, dass ich vor den meisten Käufen überlege: *Muss das wirklich sein? Kann man denselben Effekt auch mit Alternativen wie Leihen oder Mieten haben oder indem man etwas anderes verwendet?*

Das Verhalten und die Prioritäten verändern sich, aber manchmal braucht das Zeit und Geduld. Vor allem, wenn wir gefrustet sind und uns belohnen oder trösten wollen, kann die Vernunft auch mal den Kürzeren ziehen. Für diesen Fall haben wir eine weitere Regel entwickelt, die wir uns alle auf einen Zettel geschrieben und in die Geldbörse gesteckt haben:

Wenn ich mir etwas gönnen möchte, gehe ich ins Kino / zur Wellness-Massage / zum Edelitaliener/wandern / ins Reisebüro und buche einen Städtetrip / ...!

Entscheidend ist, hier etwas zu nehmen, bei dem nicht ein Frustkauf, sondern ein lang gewünschtes Erlebnis im Mittelpunkt steht. Belohnen und erleben, nicht besitzen. Nur fällt einem in dem Moment spontan meist nichts ein und dann werden es die neuen Klamotten, die drei Paar Schuhe, der Stapel Bücher oder was auch immer. Und später bereut man es. Wenn man einen Zettel mit einer oder mehreren Erlebnisoptionen dabei hat, gibt es immer eine lohnende Alternative. Wichtig ist allerdings, dass man eine spontane Befriedigung erzielen kann. Es hilft also nichts, zu sagen, dass man das Geld besser für den Sommerurlaub spart – dabei gibt es keine „instant gratification“, die ein Spontankauf bietet. Das Erlebnis muss also sehr zeitnah initiiert werden.

Legen Sie für sich vergleichbare Regeln fest. Und überlegen Sie sich, wie Sie sich verwöhnen können, ohne unnötigen Besitz anzuhäufen. Notieren Sie Ihren Wunsch auf einem Zettel und stecken Sie diesen so in Ihre Geldbörse, dass Sie ihn sehen, wenn Sie einen Spontankauf tätigen wollen.

Wettbewerbe

Die Regeln helfen, sich selbst daran zu erinnern, neue Routinen zu etablieren und die Entstehung von Chaos und Ballast zu vermeiden. Aber sie sind kein Allheilmittel. Deshalb sind wir in unserer kleinen Gruppe auch dazu übergegangen, kleine Challenges gegeneinander zu starten und regelmäßig über den Erfolg zu berichten.

So habe ich mit Petra gewettet, dass ich es schaffe, mir drei Monate lang keine neuen Küchenhelfer anzuschaffen (Ausnahme: Es geht etwas kaputt und muss ersetzt werden). Schaffe ich es, dann lädt sie mich ins Kino ein. Verliere ich, dann muss ich die ganze Truppe zum Essen einladen. Solche Wettbewerbe sind lustig und motivierend. Einer unserer Dauerwettbewerbe ist „Sieben Dinge in sieben Tagen". Damit haben wir unsere Dinge-Diät angefangen und noch immer suchen wir jede Woche sieben Gegenstände, die wir entsorgen. Leider haben wir nie Buch geführt, was da schon alles dran glauben musste. Vielleicht haben Sie ja Lust, Ihre Erfolge schriftlich oder in Fotos festzuhalten?

Das Umfeld und die Lebensphilosophie

Wir haben allerdings auch bemerkt, dass wir ja nicht allein sind auf dieser Welt:

- Was hilft es, wenn wir uns am Riemen reißen, wenn uns dann die Verwandtschaft bei nächster Gelegenheit wieder mit Geschenken, Mitbringseln und gut gemeinten Gaben überhäuft, die wir gerade mühsam losgeworden sind?
- Was, wenn die Kinder oder der Lebensgefährte ständig Dinge in die Wohnung schleppen, die wieder zur Vermüllung beitragen?
- Was lässt man sich schenken, was lehnt man ab?
- Wie schenkt man sinnvoll?

Indem man die Dinge-Diät zu einem Lebensprinzip macht, hat sie auch Auswirkungen auf unseren Umgang mit Dritten. Die eigene Definition von Lebensqualität verändert sich, Besitz wird weniger wichtig, Erlebnisse, Freiraum und Zeit werden zu den wichtigsten Gütern.

Allerdings ist es schwierig, das auch dem Bekanntenkreis klarzumachen. Da wird bewusster Verzicht auch gerne mal so interpretiert, dass man am Rand der Pleite steht. Oder plötzlich in eine obskure Sekte geraten ist. Und manchmal kratzt das auch am sozialen Status und am Selbstvertrauen.

Es gibt keine allgemeinen Tipps, wie man solchen Reaktionen begegnen kann – oft werden sie auch nicht offen geäußert. Trotzdem ist es wichtig, sich mit diesen Fragen auseinanderzusetzen und eigene Antworten und Wege zu finden.

Lohn der Mühe

Meine Oma hat in meiner Kindheit immer gesagt: *„Vor den Erfolg hat der Herr den Schweiß gestellt."*

Damals fand ich den Satz ziemlich blöd und wenig motivierend. Heute sehe ich das anders: Die Dinge-Diät bedeutet beispielsweise, dass man tatsächlich erst einmal hart arbeiten und unangenehme Dinge anpacken (und loswerden) muss, vor denen man vielleicht schon seit vielen Jahren die Augen verschließt. Das bedeutet Schweiß – und manchmal sogar Tränen.

Aber es ist die Mühe wert, wenn man sich die Vorteile vor Augen führt und das Geld, das man früher für die Anhäufung unnötigen Besitzes ausgegeben hat und jetzt spart, dazu verwendet, sich langgehegte Wünsche zu erfüllen. Das Leben leben statt Besitz verwalten.

Neulich hatten wir ein Gespräch, bei dem unser immer pragmatischerer Zugang zu Besitz deutlich wurde. Wir stellen uns alle immer öfter Fragen wie: *Was werden meine Nachkommen/Erben mit den Dingen machen, die ich besitze, wenn sie meinen Haushalt auflösen? Wie kann ich sie heute schon entlasten?*

Viele Leute meinen, den Nachkommen etwas Gutes zu tun, wenn sie ihnen 10.000 Bücher und eine Plattensammlung hinterlassen. Das ist oft ein Irrglaube, die Nachkommen haben aber dann ein schlechtes Gewissen, wenn sie die Sachen weggeben, und so belasten sie sich mit Kisten und Schachteln auf Speichern, in Kellerräumen und oft genug in angemieteten Lagern bei allerorts aus dem Boden sprießenden Storage-Anbietern.

Weniger Besitz bedeutet weniger gebundenes Kapital, weniger Platzbedarf, weniger Pflege- und Wartungsaufwand. Man ist flexibler, kann leichter umziehen (ggf. auch in eine kleinere Wohnung), muss weniger putzen, staubwischen und so weiter.

Zugleich bleibt mehr Geld für anderes übrig – und so kann man sich Wünsche erfüllen, die früher in unerreichbarer Ferne schienen. Erlebnisse, die einzigartig sind und für immer bleiben, die nicht veralten, die man nicht abstauben muss und die die Erben nicht belasten, sondern einem bis zum letzten Atemzug bleiben. Der Lohn der Mühe ist also, sich nicht mit Besitz, sondern mit Erleben zu beschenken. Das eigene Leben emotional zu bereichern.

Ein tolles Beispiel dafür hat Karla geliefert: Zu ihrem Geburtstag hat sie sich alle physischen Geschenke und die übliche Geburtstagsfeier verbeten. Dafür hat sie eine Party aufgeboten, die ihresgleichen sucht: Die Gäste wurden mit einem Bus auf ein Weingut gefahren, wir durften bei der Weinlese helfen und es gab eine Weinverkostung und tolle kleine Gerichte unter dem Motto „Reise um die Welt“. Das war ein einmaliges, unvergessliches Event. Jeder, der wollte, konnte anonym einen beliebigen Betrag in einen Sammelbox werfen, sozusagen statt eines Geschenks. Natürlich war das nicht billig, aber es war genial. Und es war ein Ansporn für uns alle, ebenfalls darüber nachzudenken, wie wir in Emotion und Erleben investieren können.

TEIL V.

22 REZEPTE UND ÜBUNGEN ZUR DINGE-DIÄT

Damit es nicht bei einem einmaligen Ausmisten bleibt, haben wir uns wie bei einer richtigen Diät etliche Rezepte und Übungen für unsere Dinge-Diät überlegt. Sie helfen nicht nur, Gewicht zu reduzieren, also den überflüssigen Ballast loszuwerden, sondern auch, das Gewicht zu halten und weiter abzuspecken.

Wie bei jeder Diät gibt es Rezepte, die Sie schmackhafter finden werden, und andere, die Ihnen nicht so zusagen. Manche Übung wird Ihnen leichter fallen als andere. Übernehmen Sie die Anregungen, die auf Ihre Situation und Ihren Lebensstil passen, und modifizieren Sie die Rezepte und Übungen, wenn Sie mögen.

Viel Spaß beim Ausprobieren und Nachmachen!

#1 – Sieben Dinge in sieben Tagen

Saueinfach – und doch sauschwer: Finden Sie in den kommenden sieben Tagen sieben Dinge, die am Ende der Woche entsorgt werden. Sei es ab in den Müll, verschenkt oder verkauft – Hauptsache: weg! Das Altpapier, leere Flaschen und täglich anfallender Restmüll gelten natürlich nicht. Nicht schummeln: Einzelne Fotos oder Zettel zählen auch nicht, es muss schon ein ganzer Stapel sein.

Wir erstatten uns am Ende der Woche gegenseitig Bericht, aber es wird von Woche zu Woche schwerer, wirklich sieben Dinge zu finden. Moni ist am Anfang immer zu ihrem Bücherregal, hat irgendein altes Taschenbuch gefunden, das sie eh nicht mehr lesen wird, und hat es im Hausflur des Mietshauses zur „Adoption" freigegeben. Aber irgendwann wurde es immer schwerer, „neue" alte Bücher zu finden. Karla hat erst mal ihre Küchenhelfer ausgemistet. Manchmal ist der Müll der Vorwoche der einen der Müll der kommenden Woche der anderen. Ideen stecken eben an.

Und was verschwindet diese Woche bei Ihnen?

#2 – Das Bestandslistenspiel

Hierbei handelt es sich um ein kleines Schätzspiel, das man nur für sich, aber auch mit Freundinnen oder dem Lebenspartner spielen kann. Es geht so: Sie nehmen sich einen Schrank, eine Schublade, eine Kiste oder einen Raum vor, den Sie entschlacken möchten. Und bevor Sie zur Tat schreiten, schreiben Sie auf einem Zettel auf, was wohl der Inhalt sein wird, mit Stückzahlen!

Was glauben Sie: Wie viele Socken gibt es in Ihrer Sockenschublade? Wie viele Packungen Nudeln sind im Vorratsschrank oder Vorratskeller? Und wie viele Bücher/CDs/DVDs besitzen Sie?

Es geht vor allem um die Erkenntnis, dass man häufig gar nicht weiß, was man alles aufbewahrt. Wenn man das Spiel mit Freundinnen spielt, dann ist es nur fair, ihnen einen kurzen Blick auf den Ort des Grauens zu gewähren. Kurz genug, damit man nicht schon abzählen kann, lang genug, damit man sich einen groben Überblick verschaffen kann.

Erfunden haben wir das Spiel eigentlich zufällig, als wir vor dem ersten Kleiderschrank standen und jemand sagte: „Oje, wie viele Bettbezüge sind das denn?“ Besonders lustig war es bei einer Schublade, in der mein Mann alle möglichen Kabel kreuz und quer reingestopft hatte. Ich habe 25 geschätzt, Moni 41, Vera sogar 65. Es waren mit irgendwelchen Adaptern und Steckern fast 90!

Hat man einmal die Bestandsliste erarbeitet, dann kann man sich eine sinnvolle Obergrenze setzen und schon mal die schrecklichsten überzähligen Dinge entsorgen.

Ach ja, die Liste mit den Angaben sollten Sie nicht wegwerfen. Sie können Sie zu den Gegenständen legen und aktualisieren, wenn Sie einen Zu- oder möglichst Abgang verzeichnen. Was uns bei der Begehung aber auch passiert ist: In einem der zahlreich besichtigten Schränke fanden wir zwei Kartons mit Weihnachtsschmuck, alles brav aufgelistet und gezählt, nur um dann später unter dem Bett weiteren Christbaumschmuck zu entdecken. Manchmal verstecken sich unsere Altlasten eben nicht thematisch sortiert an derselben Stelle.

#3 – 33 VIPs

Diese Idee hatte Petra in einem Blog im Internet gefunden, wobei sich die 33 VIPs (Very Important Pieces) da lediglich auf Klamotten bezogen. Wir haben rasch festgestellt, dass man das Konzept auf alle möglichen Bereiche übertragen kann.

Das Vorgehen ist einfach: Wenn Sie einen Problembereich erkannt haben, in dem sich wirklich viel „Speck“ angesammelt hat, wählen Sie 33 Dinge aus diesem Bereich aus und müssen dann drei Monate damit auskommen. Alles andere wird am besten weggepackt, zumindest aber ist es tabu.

Ihre Kinder haben zu viel Spielzeug? Sie dürfen sich ihre 33 VIPs aussuchen, alles andere kommt weg. Unmengen von DVDs, Computerspielen oder Büchern? 33 Sachen auswählen (Computer bzw. Spielkonsole und Controller zählen auch mit!). Die Küche ist ein einziges Chaos? Beschränken Sie sich auf 33 Küchengeräte und Küchenhelfer. Klamotten? 33 VIPs inklusive Schuhe, Jacken und Accessoires auszuwählen und sich drei Monate daran zu halten ist gar nicht so einfach – da sollte man genau nachdenken, was man wählt.

Die Übung ist empfehlenswert, weil sie uns vor die Wahl stellt und uns vor Augen führt, wie wenig wir tatsächlich benötigen. Sie sorgt auch dafür, dass wir neue Verhaltensmuster etablieren. Das zeigt sich beispielsweise sehr gut in der Küche: Wenn wir unsere Spezialtools vom Homeshopping-Sender nicht mehr nutzen dürfen, finden wir auch andere Wege, unseren Salat trocken zu bekommen, unsere Nüsse zu zerkleinern und unseren Knoblauch zu schneiden. Nicht Not, sondern Reduktion macht hier erfinderisch.

(Wenn Ihnen 33 Teile zu wenig erscheinen, dann versuchen Sie es mit 50. Generell gilt aber: Je weniger, desto besser! Vielleicht reduzieren Sie auf 25?)

#4 – Häppchenweise

Wenn man auf Freunde zurückgreifen kann, die einem bei einem Rundumschlag helfen, kann man in ein paar Stunden eine ganze Menge Aufräumarbeit leisten (siehe auch bei *Einpack-Party*). Aber wenn man allein ist, ist es oft schwierig, sich zu motivieren: Die Aufgabe scheint kaum bewältigbar.

In diesem Fall sollten Sie häppchenweise vorgehen. Nehmen Sie sich eine überschaubare Problemzone in Ihrer Wohnung vor, bewaffnen Sie sich mit einem Müllsack und zwei Kartons sowie einem Kurzzeit-Timer. Stellen Sie den Timer auf 25 Minuten, dann geht es los. Sortieren und ordnen Sie den gewählten Bereich: Alles, was nicht mehr brauchbar ist, kommt in den Müllsack. Alles, was Sie behalten möchten, was aber nicht dorthin gehört, wo es sich gerade befindet, kommt in den einen Karton. Alles, was zu gut zum Wegwerfen ist, aber nicht mehr gebraucht wird, in den zweiten. Übrig bleiben nur die Dinge, die sich am richtigen Ort befinden. Die ordnen Sie. Und wenn der Timer nach 25 Minuten klingelt, machen Sie erst 5 Minuten Pause.

Danach schauen Sie sich Ihr Resultat an. Zufrieden? Wenn Sie Spaß an der Aktion gefunden haben, können Sie sie gleich noch einmal wiederholen. Wenn nicht: Kein Problem! Sie haben schon etwas vorangebracht und sind für heute fertig. Wenden Sie diese Methode jeden Tag an und führen Sie Buch, lassen Sie Ihren Activity-Stream möglichst nicht abreißen, bis Sie sich durch die ganzen identifizierten Problembereiche gearbeitet haben.

Als Variante können Sie auch eine App mit Ihrer Lieblingsmusik starten und dort einen Timer auf 25 Minuten stellen. Solange die Musik läuft, räumen Sie wie beschrieben auf, wenn der Timer abläuft, legen Sie die Fünf-Minuten-Pause ein und bewerten danach Ihr Resultat.

#5 – Die „Gekauft"-Liste

Einige von uns haben das Problem, zu Frust- und Spontankäufen zu neigen. Petra jagt beispielsweise Einrichtungsschnäppchen: „Das war soooo günstig, da musste ich zuschlagen!" Aber im Grunde können wir uns alle nicht davon freisprechen.

Also führen wir jetzt alle eine „Gekauft"-Liste, auf der wir alles aufschreiben, was wir uns abseits des Notwendigen gegönnt haben. Auch hier wächst die Einsicht mit der Zeit: Man wird ehrlicher zu sich selbst! Für mich ist aber besonders wichtig, dass ich meine Liste Petra, Vera, Moni und Karla zeige. Damit erzeuge ich einen sozialen Druck für mich, den ich offenbar brauche. Habe ich mir früher Sachen nur deswegen gekauft, um mich zu belohnen, so ist es für mich heute Belohnung und Anerkennung, wenn ich mich zusammengerissen und im Verzicht geübt habe.

Ideal ist es, wenn Sie Ihre „Gekauft"-Liste entweder in einem kleinen Notizblock notieren oder Ihr Handy/Smartphone nutzen. Es ist leichter, wenn Sie die Liste ständig parat haben und ergänzen können. Gewöhnen Sie sich alternativ an, die Liste immer sofort zu ergänzen, wenn Sie nach Hause kommen.

Eine clevere Variante hat Petra „erfunden": Sie fotografiert ihre Einkäufe mit dem Handy, das geht schnell und es ist ziemlich erhellend und manchmal auch bedrückend, wenn man alle seine Einkäufe durchblättern kann.

Aber sie fotografiert nicht nur die Einkäufe: Sie hat auch ein Album mit Fotos von Dingen, die sie letztlich bewusst doch nicht gekauft hat – sozusagen ein Dinge-Diät-Trophäen-Album.

#6 – Vier-Wochen-Challenges

Haben Sie auch irgendeinen Tick? Können Sie nicht an Schuhen, Blusen, Lippenstiften, Pflegeprodukten oder Büchern vorbeigehen, ohne ein Teil zu erstehen? Wir haben festgestellt, dass wir uns viel besser beherrschen können, wenn wir miteinander im Wettbewerb stehen.

Suchen Sie sich also eine Freundin (oder zwei oder drei) und treten Sie gegeneinander an: Wer schafft es, vier Wochen lang keine Schuhe, Taschen, Kosmetika ... zu kaufen? Wer verliert, gibt den anderen den nächsten Kaffee aus und muss sich der Kritik stellen. Natürlich ist nach vier Wochen das nächste Ziel, einen weiteren Monat durchzuhalten.

Wenn Sie niemanden finden, gegen den Sie antreten können, dann besorgen Sie sich einen Kalender und kreuzen Sie jeden Tag an, an dem Sie Ihr Ziel erreicht haben. Aufeinanderfolgende Kreuze verbinden Sie mit einer Linie. Ziel ist es, diese Linie nicht abreißen zu lassen:

```
Mo Di Mi Do Fr Sa So Mo Di Mi Do Fr Sa So …
X—X—X—X—X—X—X        X—X—X— …
```

#7 – Vorher-nachher-nachher-Fotos

Nein, ich habe mich nicht verschrieben. Nicht umsonst gibt es den Spruch „Bilder sagen mehr als tausend Worte". Und Fotoreihen sind bei unserer Dinge-Diät zu einem sehr wichtigen Hilfsmittel geworden. Ursprünglich haben wir sie nur gemacht, um nachher über die bei den Begehungen erkannten Problemzonen reden zu können. Aber dann hat sich auch gezeigt, dass man damit auch seine Erfolge dokumentieren kann - und den drohende Jojo-Effekt frühzeitig entlarven!

Extrem hilfreich finde ich es,

- erst das Chaos zu fotografieren (z.B. im Schrank, in einer Schublade oder auf dem Schreibtisch),
- dann den Zustand nach erfolgter Diät
- und anschließend, in mehr oder weniger regelmäßigen Abständen, den aktuellen Status quo.

So sieht man nicht nur die Erfolge, sondern erkennt auch rasch, wo sich wieder der Konsumspeck festsetzt. Übrigens reicht die Handy-Kamera dazu völlig aus und Sie können die Fotos ganz für sich privat halten. Es geht nur um die Dokumentation der Veränderung für sich selbst.

Sinnvoll ist es allerdings, die Fotos immer aus der gleichen Perspektive aufzunehmen. So lassen sich auch kleinere Veränderungen leicht feststellen. Zudem liefern die Fotoserien ein schönes Erfolgstagebuch zu Ihren Bemühungen.

#8 – Wie du mir, so ich dir

Überlassen Sie dem Partner oder der Freundin die Eliminierung/ Auswahl. Da es uns extrem schwer fällt, uns von unserem Besitz zu trennen, ist es hilfreich, sich subtil helfen zu lassen.

Vereinbaren Sie mit Ihrem Partner, dass er Dinge aus Ihrem persönlichen oder gemeinsamen Besitz temporär entfernen darf, wenn er überzeugt ist, dass Sie diese Sachen nicht mehr benötigen. Im Idealfall beruht die Vereinbarung natürlich auf Gegenseitigkeit und ein gegenseitiges Grundvertrauen ist nötig.

Ist das Vertrauen vorhanden, kann diese Methode richtig befreiend sein, weil man von der Qual der Wahl entbunden wird. Die Dinge werden natürlich nicht einfach weggeworfen, der Eindruck des Partners könnte ja falsch sein. Stattdessen hat jeder eine Box oder Kiste, in die die Gegenstände wandern. Diese Box ist für den anderen tabu – also nicht schummeln. Wer überzeugt ist, dass er einen Gegenstand entdeckt hat, der dringend „eliminiert" gehört, fotografiert den Gegenstand zunächst und legt ihn dann in seine Box. Das Foto dient mit dem Aufnahmedatum als Beweis: Man vereinbart, dass der Gegenstand als „überflüssig" gilt, wenn er in einem Zeitraum von 90, 45 oder 30 Tagen nicht vermisst wurde. Den Zeitraum sollte man vorab festlegen, wobei es sich anbietet, erst einen längeren Zeitraum zu wählen und diesen später zu verkürzen, wenn sich das Vorgehen bewährt hat. Ausnahmen gelten nur für unersetzliche Objekte von hohem emotionalen Wert.

Wird das Verschwinden des Gegenstands innerhalb des Zeitraums bemerkt und er wird benötigt, dann kommt er wieder zurück an seinen Platz. Verstreicht die Zeit unbemerkt, dann wandert der Gegenstand in den Müll bzw. er wird verkauft oder verschenkt.

#9 – Der Trick mit den Post-its

Dinge, die man monatelang nicht benötigt, benötigt man voraussichtlich auch in Zukunft nicht wirklich. (Gut, es gibt Ausnahmen wie beispielsweise Trauerbekleidung oder Steuerunterlagen. Aber solche Ausnahmen sind selten.) Doch wir belügen uns gerne selbst, wenn es darum geht, wann wir etwas zuletzt gebraucht haben.

Hier kommen die Post-its ins Spiel: Schreiben Sie das heutige Datum drauf und kleben Sie sie in, auf und unter Gegenstände. Wenn Sie Dinge tatsächlich nutzen, dann aktualisieren Sie das Datum auf dem Post-it. Beim nächsten Ausmisten haben Sie dann rasch einen unbestechlichen Überblick darüber, was Sie in den letzten sechs Monaten in Wirklichkeit nicht genutzt (und auch nicht vermisst) haben.

Lustige Begebenheit am Rande: Ich hatte doch tatsächlich das Post-it unter meinem linken Winterstiefel vergessen – und habe mich eines Tages im Herbst arg gewundert, dass die eine Sohle so rutschig ist.

#10 – Sinnvolle Parkpositionen

Wenn Dinge ständig irgendwo in der Gegend rumliegen, dann sollten Sie darüber nachdenken, ob sie eine sinnvolle und akzeptierte Aufbewahrungsposition haben.

Schuhe sammeln sich deswegen gerne im Vorzimmer an, weil sie dort an- und ausgezogen werden. Und viele Schuhschränke sind einfach zu klein oder zu unpraktisch. Selbst, wenn es beispielsweise im Schlafzimmer weiteren Stauraum gibt, wird er kaum genutzt, weil man die Schuhe zuvor ja erst putzen sollte. Letztlich sammeln sie sich dann alle im Vorzimmer – vor dem Schuhschrank. Genauso unpraktisch ist es, wenn die Kinder ihre Xbox-Spiele in ihrem Zimmer verstauen sollen, die Konsole aber am großen TV im Wohnzimmer hängt.

Um solch ein Chaos erst gar nicht aufkommen zu lassen, müssen die Wege kurz und die Handgriffe einfach sein. Nur so können sie zur Routine werden. Wenn es an der richtigen Stelle ein Schlüsselbrett oder einen Ablagekorb für Schlüssel gibt, dann landen die Schlüssel auch dort (und wenn man mal wieder in Eile ist, kann die lästige Suche beim nächsten Mal entfallen), wenn die Schlüsselaufbewahrung aber nicht existiert oder sich an der falschen Stelle befindet, ist das Chaos vorprogrammiert. Dasselbe gilt für Post, Zeitschriften, Altpapier, Klamotten, Schuhe, Einkaufstaschen, Küchenhelfer ... eigentlich für alles:

Was keine sinnvolle Parkposition hat,
liegt irgendwann in der Gegend rum.

Suchen bzw. schaffen Sie also die natürlichsten und sinnvollsten Parkpositionen für all den Kram, der sonst häufig einfach irgendwo liegen bleibt.

#11 – Freiraum und leere Flächen

Bei den Gesprächen in unserer kleinen Runde ist uns ein Widerspruch aufgefallen: Wir alle lieben Fotos von Wohnungen, die viel Freiraum und leere Flächen bieten. Aber wenn es darum geht, unser Chaos und unseren Wohlstandsballast in den Griff zu bekommen, glauben wir, dass wir nur genügend Stauraum und Ordnungshelfer brauchen, und alles wäre gut. Und dann kaufen wir ultrapraktische Aufbewahrungskisten für unter dem Bett und auf dem Schrank, ein weiteres Bücherregal und Stehordner für unsere alten Zeitschriften und Dokumente, ohne uns bewusst zu machen, dass die noch mehr Stellfläche benötigen und wir unseren kostbaren Wohnraum so noch mehr einengen. Stauraum ist eben keine Lösung, sondern nur eine Versteckmethode.

Versuchen Sie stattdessen, ganz gezielt vorhandene Ablageflächen, Regalbretter, Schubladen und Schrankfächer leer zu bekommen. Nicht, indem Sie einfach einen neuen Platz für die bisherigen Inhalte suchen, sondern indem Sie bewusst eliminieren und reduzieren.

Wählen Sie Flächen, die Sie leer bekommen wollen, und markieren Sie sie mit einem Post-it. Nehmen Sie sich ein konkretes Ziel vor: „Pro Tag (Woche) werde ich x Flächen/Fächer leer räumen." Diese Flächen bleiben dann auch leer (und zur Erinnerung bleibt das Post-it auf den leeren Flächen erst einmal kleben, damit auch die Mitbewohner verstehen, dass dort nicht etwa eine neue Ablagefläche geschaffen wurde).

Vera hat es geschafft, so einen ganzen Schrank entsorgen zu können, nachdem sie Fach für Fach geleert hat.

#12 – Aus den Augen, aus dem Sinn

Bloß keine langen Trennungsarien! Was mit dem Ex nicht funktioniert, funktioniert erst recht nicht mit unserem Besitz: Wir können nicht im Wissen der bevorstehenden Trennung jeden Tag freudig zusammenleben. Also gilt auch bei der Dinge-Diät: Lieber ein Ende mit Schrecken als ein Schrecken ohne Ende!

Dazu müssen Sie auch mal ein wenig rabiater durchgreifen und die Entscheidung anderen überlassen. Erlauben Sie anderen, Dinge aus Ihrem Blickfeld und damit Ihrem Leben zu entfernen. Sie werden überrascht sein, wie viele Dinge Sie nie vermissen werden.

So habe ich ja beispielsweise Petra gebeten, meine Küchenschubladen und Küchenschränke auszumisten. Zu ihr hatte ich Vertrauen, dass sie dabei pragmatisch und ohne Sentimentalität und Hemmungen vorgeht. Alles, was sie ausrangiert hat, kam in Kartons bei uns in den Keller. Ich wusste also praktisch gar nicht, was fehlte, und habe Petra gefragt, wenn ich etwas schmerzlich vermisst habe (was genau zweimal vorkam: bei der Nudelmaschine, die Petra überflüssig findet, die wir aber häufiger nutzen, und bei einer Kaffeemühle, die wir vermeintlich doppelt haben, wobei wir eine ausschließlich für Kaffee und die andere für Gewürze verwenden).

Und weil das – auch in den Augen meines Mannes – so gut funktioniert hat und nicht alles gleich verloren war, durfte ich vor ein paar Wochen den Kleiderschrank meines Mannes ausmisten.

#13 – Einpack-Party

Manchmal darf und soll es rasch gehen: Vera war so frustriert, dass sie gar keine Chance sah, mit kleinen Schritten zum Ziel zu kommen. Nun hat sie einen unbestreitbaren Vorteil: Sie ist Single und muss sich mit niemandem abstimmen. Veras Problem war allerdings, dass sie sich allein auch nicht entscheiden kann, was sie wirklich benötigt und was nicht.

Im Rahmen der Recherche hatten wir auch von der Methode der Einpack-Party gelesen, die in *WENIGER!* beschrieben wird: Man trifft sich mit Freunden in der Wohnung, besorgt vorher eine Menge Umzugskartons und packt dann rigoros alles aus den Regalen, Schubladen, Schränken und Ecken ein. Das ist ein wenig surreal, aber auch sehr lustig. Alle Kartons werden beschriftet und an den Wänden gestapelt.

Bei Vera haben wir für das Einpacken in ihrer Single-Wohnung zusammen nur gut drei Stunden gebraucht (mit zwei Flaschen Prosecco und einem großen Blech leckerer, selbstgebackener Blondies). Für die nächsten vier Wochen durfte Vera dann aus Kartons leben und sich alles wieder herausnehmen und in ihre Möbel einräumen, was sie wirklich benötigte. Aber nicht mehr. Nach vier Wochen haben wir uns erneut getroffen und uns gemeinsam angeschaut, was alles in den Kartons verblieben war. Am meisten überrascht war Vera wohl selbst, denn sie hatte viele Dinge überhaupt nicht vermisst oder benötigt. Gemeinsam haben wir dann die Gegenstände in die Kategorien „Müll", „weggeben" und „behalten" sortiert und Karla und ich sind anschließend noch mit etlichen schwarzen Säcken zur Deponie gefahren – weg ist weg!

Und Vera hat diese Radikalkur echt gut getan: Sie freut sich, dass alles so schnell und schmerzarm über die Bühne gegangen ist. Für sie war es wichtig, möglichst rasch einen durchschlagenden Erfolg zu haben – nach Jahren der Selbstquälerei.

Veranstalten Sie doch auch mal Ihre eigene Einpack-Party: Sie können auch einfach mal einen Raum bzw. eine Problemzone so angehen, nicht gleich die ganze Wohnung.

#14 – Die Quartalskiste

Diese nette Idee hat Petra aufgebracht und wir haben sie (fast) alle übernommen: Einfach eine undurchsichtige Kiste mit Deckel in den Keller oder irgendwohin, wo sie nicht stört, stellen. Da rein kommen die Dinge, von denen Sie sich irgendwie nicht trennen wollen, obwohl sie eigentlich völlig unnötig sind, oder über die in Ihrer Partnerschaft Uneinigkeit besteht, ob sie weg können oder noch aufbewahrt werden sollen.

Dort bleiben sie, bis Sie (oder Ihr Partner) sie entweder tatsächlich benötigen oder aber zwei Kontrolltermine verstreichen. Diese Kontrolltermine finden alle drei Monate statt und alles, was dann schon beim letzten Kontrolltermin in der Kiste lag, wird entsorgt oder weggegeben, weil es offenbar nicht gebraucht oder vermisst wurde.

Zusatzregel: Damit man nicht einfach alles in die Quartalskiste packt, darf da nur so viel rein, dass sie gerade noch zugeht. Andernfalls *muss* man sofort etwas aus der Kiste entsorgen, wenn man etwas Neues darin verstauen will.

#15 – Der Ausgangskorb

Bei Petra fiel uns etwas auf: In faktisch jedem Zimmer gibt es einen kleinen Korb. Die meisten dieser Körbchen waren leer. Petra hat dann erklärt, dass das sozusagen ein Kurzzeitlager für all die Sachen ist, die woanders hingehören, sich aber in dem jeweiligen Raum angesammelt haben. Und täglich kommen die Sachen aus diesen Körbchen dahin, wohin sie gehören.

Eines dieser Körbchen steht beispielsweise neben der Waschmaschine: Ist noch was in einer Tasche, dann kommt es vor dem Waschen in das Körbchen, statt irgendwo neben der Waschmaschine ewig rumzugammeln.

Die Idee fand ich so gut, dass ich sie gleich auch bei uns eingeführt habe. Und mein Mann hat mittlerweile auch kapiert, dass er als Erstes an die Körbchen denken sollte, wenn er etwas findet oder selbst sucht.

Vielleicht kommt Ihnen diese Methode zunächst kontraproduktiv vor: Man schafft mehr Ablageplätze, die dann zu weniger Chaos führen sollen? Probieren Sie es aus! Es ist nur wichtig, dass Sie die Körbchen nur als Zwischenstation nutzen und jeden Tag die angesammelten Dinge dahin bringen, wohin sie gehören – gegebenenfalls auch in den Müll. Geeignete Körbchen gibt es im Resteladen schon für ein paar Cent.

#16 – Nur noch Ersatzbeschaffungen

Wir alle fünf haben einen Einkaufseid geschworen: Bestimmte Produkte kaufen wir nur noch, wenn entweder der bisherige Bestand zur Neige geht (z.B. Kosmetik) oder ein entsprechender Gegenstand entsorgt wird.

Schließen Sie mit sich selbst auch einen solchen Eid. Also werden nur dann neue Schuhe gekauft, wenn Sie sich gleichzeitig von einem Paar trennen. Und wenn ein neuer Fernseher notwendig wird, kommt der alte weg, nicht in den Keller oder den Hobbyraum.

Übrigens hilft diese Strategie auch, wenn Sie dazu neigen, Lebensmittel zu horten: Setzen Sie sich eine Obergrenze – drei Packungen Spaghetti, drei Sorten Wurst oder Käse, ein Glas Honig und so weiter. Neues wird erst angeschafft, wenn das Alte aufgebraucht wird.

Langfristig sparen Sie so sogar Geld, auch wenn Sie glauben, mit den Multipack-Angeboten aus dem Sonderangebot ein Schnäppchen gemacht zu haben – denn was nützt es, wenn Sie günstig einkaufen, die Sachen aber gar nicht verbrauchen und sie irgendwann wegwerfen?

#17 – Mehrfachnutzen – mehrfach nutzen

Extrem viel habe ich von unserer kleinen Runde gelernt, wenn es darum geht, mit weniger Dingen und Klamotten auszukommen. Wenn Sie clever vorgehen, können Sie nämlich vieles auf unterschiedliche Arten nutzen und so anderes einsparen.

Das vielleicht multifunktionalste Teil in meinem Besitz ist offenbar mein Smartphone, auch wenn es nicht der neueste Schrei ist. Petra hat mir gezeigt, dass es als Notizblock, Diktiergerät, Schminkspiegel, Fotokamera, Fahrplan, Fahrschein, Karte (jetzt müsste ich nur noch Karten lesen können), Navigationssystem (auch für Fußgänger, wie praktisch!), Fotoalbum, Wecker und Eieruhr und sogar Fernsehzeitung taugt – neben vielem anderen mehr. Und telefonieren darf ich trotzdem noch damit. Ganz ehrlich: Natürlich wusste ich von den meisten Funktionen, aber Petras praktische Tipps haben das erst anschaulich gemacht – und meine Handtasche ist jetzt etwas leichter. Zudem habe ich das alte Diktiergerät weggeworfen – samt diesen Mikrokassetten und dem blöden Netzteil. Und auch mein Mann nutzt jetzt sein Smartphone als Navigationssystem und hat das alte Teil entsorgt, bei dem die Karten längst veraltet waren und ein Update mehr gekostet hätte als ein neues Gerät.

In der Küche durfte ich auch erleben, dass man mit wenigen Küchenhelfern auskommt, wenn man sie richtig zu verwenden weiß. Und all die tollen Speziallösungen aus dem Homeshopping-Channel funktionieren doch eh nur bedingt und verstellen die meiste Zeit nur wertvollen Platz.

Aber auch bei den Klamotten kann man mit ein wenig Geschick durch Kombination und Mehrfachnutzung auf vieles verzichten. Layering, also mehrere Kleidungsstücke ggf. übereinander zu tragen statt für jede Witterung das Passende im Schrank zu haben, ist nicht nur nützlich, wenn es darum geht, den Urlaubskoffer nicht so vollzupacken: Auch im Alltag ist diese Strategie verblüffend praktisch und erlaubt es zum Beispiel, auf den ganz dicken Mantel zu verzichten, den man eh nur selten und ungern anzieht und der vor allem ein gefundenes Fressen für Motten ist.

Schauen Sie sich an, was bei Ihnen nur einem einzigen Zweck dient, und überlegen Sie, wie Sie die gleiche Funktion auch anders mit bestehenden Dingen erzielen können. Je mehr Dinge Sie so ersetzen können, umso besser!

#18 – Funktionstest

Wir haben ziemlich schnell herausgefunden, dass vieles, was da in den Schubladen und Schränken lauert, eigentlich gar nicht mehr funktioniert. Damit meine ich nicht nur Elektrogeräte, die wirklich kaputt sind, sondern generell alles, was seine angedachte Funktion heute nicht mehr wirklich erfüllt.

Daraus haben wir den Funktionstest entwickelt: Zwingen Sie sich, Dinge, bei denen Sie im Zweifel sind, ob sie nicht doch aufbewahrt werden sollten, tatsächlich für einige Zeit in Ihren Alltag zu integrieren.

Das kann ganz schön lustig und erhellend sein. Ich musste beispielsweise mein sauteures Kostüm, das ich nie trage, aber immer „für den Fall“ aufbewahrt habe, in der Öffentlichkeit bei einer unserer Runden tragen. Schrecklich! Beim Funktionstest durchgefallen: Das bin nicht ich – und jetzt fällt es mir viel leichter, das Kostüm wegzugeben. Karlas Mann durfte zur BBQ-Party einladen, schließlich musste er diesen Über-drüber-Gartengrill voriges Jahr doch unbedingt noch schnell im Saisonschlussverkauf erstehen. Er war Feuer und Flamme – bis er das Teil nach der Grillparty reinigen und im Keller verstauen durfte: beim Funktionstest durchgefallen. Oder der Funktionstest für Reserve-Taschenbücher: Die ersten paar Seiten anlesen. Hat es „gefunkt“? Funktionstest bestanden – sonst weg damit.

Natürlich bietet sich der Funktionstest besonders für elektrische und elektronische Geräte, aber auch Küchen- und Haushaltshelfer an. Besuch im Zoo mit der alten Spiegelreflexkamera? Einen Tag lang den alten PC oder die alte Spielekonsole nutzen? Feststellen, dass man gar keine Stellfläche für den tollen Allesschneider hat? Da verfliegt die Euphorie schnell und der Realitätssinn stellt sich ein.

Alles, was zwar prinzipiell nützlich wäre, sich aber beim Funktionstest als defekt erweist, reparieren Sie zudem umgehend oder entsorgen es, falls es sich nicht lohnt. (Und die Entscheidung zurückzustellen gilt nicht!)

#19 – Ordnungssystem schafft Übersicht

Ein Grund, warum das Chaos die Oberhand gewinnt, ist die fehlende Übersicht. Das Bestandslistenspiel führt ziemlich eindrucksvoll vor Augen, dass wir meist gar nicht wissen, was wir alles haben. Das führt beispielsweise dazu, dass wir Lebensmittel kaufen, von denen wir noch einen Vorrat haben, oder dass Moni sich Taschenbücher doppelt gekauft hat, weil sie nicht wusste, dass sie den Band schon besaß.

Generell gehören Dinge einer Sorte immer zusammen, also in denselben Schrank, dieselbe Schublade oder dasselbe Fach. Sonst ist die Gefahr groß, dass man irgendwann auf die zweite, „vergessene" Sockenschublade stößt oder einen ganzen Zwölferkarton abgelaufener H-Milch findet.

Leider sind auch unsere Schränke und Regale oft mit dafür verantwortlich, dass wir den Überblick verlieren: Die Fächer sind so tief, dass man leicht zwei oder drei Reihen hintereinander hineinlegen kann. Da die Fächer zudem eben sind, sieht man die Dinge in der zweiten und dritten Reihe kaum noch. Das gilt umso mehr, wenn Sie die Fächer bis oben voll räumen.

Um mehr Ordnung zu halten, können Sie z.B. mit Brettern eine Art Treppe oder Tribüne bauen, so dass die hinteren Dinge höher stehen als die vorderen. Zudem dürfen Sie die Fächer natürlich nicht komplett vollräumen. Bei Lebensmitteln kommen die ältesten einer Sorte nach vorne, die neuesten (und am längsten haltbaren) nach hinten. Bei Gebrauchsgegenständen kommen die nach vorne, die ständig verwendet werden, die, die unregelmäßiger genützt werden, in die zweite Reihe und die Backups und jene Dinge, die von Ihnen selten gebraucht werden, nach hinten.

Zudem kommen in die unteren und oberen Fächer natürlich die Dinge, die seltener gebraucht werden (schwere Sachen unten, leichte oben), auf Augenhöhe die Dinge Ihres täglichen Bedarfs.

Bei Schubladen ist es ähnlich: Wenn Sie alles einfach reinstopfen, gewinnen Sie nie den Überblick. Es gibt spezielle Ordnungssysteme nicht nur für Besteckschubladen (die kennen wir alle), sondern auch für allen möglichen anderen Kram. Petra hatte wieder einen guten Tipp: Die Plastikkistchen, in denen man oft Mon Cheri und andere Süßigkeiten bekommt, passen in viele Schubladen gut hinein und können für Kleinkram wie Modeschmuck und Haarspangen verwendet werden. So können Sie sich aus „Abfall" Ihr eigenes Schubladensortiersystem bauen. Für Socken bieten sich hingegen Schuhkartons an. Und lose Kabel können Sie aufrollen und in leeren Klopapierrollen aufbewahren, dann verheddern sie sich nicht und Sie finden schneller, was Sie suchen.

Je logischer die Sortierung der einzelnen Produktgruppen, desto besser. Das gilt natürlich auch für Bücher und Akten. Zwar können Sie Ihre Bücher auch nach der Farbe des Buchrückens sortieren, wesentlich sinnvoller ist aber natürlich eine abgestufte Sortierung nach Thema, Autor und dann Titel (oder gleich Thema > Titel). Wie sortiert sind Ihre Ablagen?

Wenn Sie Dinge sammeln (hier fallen mir wieder die Taschenbücher von Moni ein), sollten Sie eine Liste der vorhandenen Sachen in Ihrem Handy speichern. Wenn Sie es nicht so damit haben, akribisch Listen zu schreiben, können Sie auch einfach die Cover der vorhandenen Bände oder die Gegenstände abfotografieren.

Oft kann es übrigens auch nützlich sein, Schrankfächer und Aufbewahrungsplätze zu beschriften. Zwar sind Sie sich sicher, dass Sie wissen, in welchem Fach in der Schublade die gebrauchten und in welchem die neuen Batterien liegen, aber wissen das auch Ihre Mitbewohner? Und halten die sich daran, wenn es nicht draufsteht?

20 – Leihen statt kaufen

Dieses Rezept ist furchtbar banal, aber trotzdem wenden wir es viel zu selten an. Ich wusste gar nicht, was man sich alles leihen kann! Klar: Bücher aus der Bücherei, die Tortenplatte bei der Freundin und auch mal einen Mietwagen im Urlaub oder für den Umzug.

Doch mittlerweile gibt es in fast allen größeren Städten Car-Sharing-Angebote, wo Sie für ein paar Euro Mitglied werden und dann bei Bedarf einen Kleinwagen für ein geringes Kilometerentgelt nutzen können. Die stehen oft ganz in der Nähe und Sie zahlen nur für die Strecken, die Sie wirklich fahren.

Und im Baumarkt können Sie sich zahlreiche Gartengeräte und Werkzeuge ausleihen. Spezielle Verleiher bieten Foto- und Videokameras an, selbst das Hochzeitskleid kann man sich leihen. Und wenn es mal was Besonderes sein soll, leihen Sie sich keinen Gartengrill, sondern lassen einen Profi-Griller mit seinem Equipment kommen. Das ist zwar etwas teurer, aber ein einmaliges und unvergessliches Erlebnis – und niemand meckert, dass die Steaks wieder angebrannt und zäh sind.

Aber auch der Freundes- und Bekanntenkreis sowie die Nachbarn bieten sich als Verleiher (und Leiher) an. Das kann ganz zwanglos vonstatten gehen, aber man kann es auch richtig formell handhaben. Wir haben mit unseren Nachbarn jetzt einen gemeinsamen Rasenmäher – einer statt drei, die Dinger stehen doch ohnehin nur im Keller rum. Warum also nicht eine Rasenmäher-Gemeinschaft, bei der alle profitieren und sich die Kosten teilen?

#21 – Der Reiz des Digitalen

Ich muss gestehen, dass ich mir früher auch nicht vorstellen konnte, alles Mögliche nur noch elektronisch zu haben. Da hatte ich immer Angst, dass das Gerät kaputt geht, die Filme verschwinden oder nicht abspielbar sind und ich mich nur ärgere. Ich würde mich jetzt nicht als „technikfeindlich" bezeichnen, aber manches ist mir da einfach zu hoch. Trotzdem freunde ich mich immer mehr mit den technischen Möglichkeiten an. Früher stapelten sich bei mir Neckermann-, Quelle-, Otto-Versand-, Buchclub- und sonstige Papierkataloge. Heute gehts gleich zu den Online-Katalogen, wenn ich mich informieren will. Auch die Fernsehzeitschrift habe ich abgeschafft – findet man auch alles online. Und Vera und Moni verzichten längst auf Abos von Tageszeitungen und Zeitschriften, auch diese Infos gibt es alle im Web und die Wohnung ist gleich um ein paar Altpapierstapel ärmer.

Daneben habe ich natürlich meinen E-Book-Reader, mit dem ich digitale Bücher lesen kann. Und Lesestoff ist teilweise viel günstiger zu haben als gedruckte Bücher, die dann auch wieder Platz brauchen. Wer keine E-Books kaufen mag, findet im Web auch zahllose Klassiker kostenlos. Fragen Sie auch mal in Ihrer Bücherei: Die verleihen auch immer häufiger E-Books – bei den Bestsellern muss man allerdings oft lange warten.

Total überrascht war ich von Karla: Sie hat von ihrem Sohn ein iPad geschenkt bekommen und wusste erst gar nichts damit anzufangen. Mittlerweile legt sie das Ding kaum noch aus der Hand. Dafür sind ihre ganzen Rätselhefte, Sudokus und Kreuzworträtsel verschwunden. Altpapier, braucht sie nicht mehr, hat sie nämlich jetzt alles elektronisch und kann sogar die Rätsel wiederholen, wenn ihr mal ein Fehler unterläuft. Sie hat mittlerweile auch die Mediatheken verschiedener TV-Sender entdeckt und überdies festgestellt, dass man Videos digital nicht nur kaufen, sondern auch ausleihen kann.

Und auch die Musiksammlung wandert immer häufiger vom Wohnzimmer ins Web. Streaming-Dienste wie Spotify erlauben unbegrenztes Musikhören gegen eine monatliche Gebühr oder (mit Einschränkungen) auch werbefinanziert und damit für den Nutzer kostenlos. Und dann können Sie sich natürlich bei Amazon, in Apples iTunes Store oder bei Google Play, aber auch bei Mediamarkt und Saturn Songs als MP3s zum Download kaufen. Großer Vorteil: Diese Musik haben Sie faktisch immer dabei, weil Sie sie auch am Handy oder Notebook abspielen können.

So können Sie eine Menge CDs, DVDs, Videokassetten, Bücher, Zeitschriften und mehr ersetzen und verblüffend viel Platz einsparen. Allerdings: Sich alles noch einmal in digitaler Form zu besorgen, kostet natürlich etwas und manches alte Schätzchen gibt es digital gar nicht. Wir haben trotzdem unsere Videosammlung per eBay verscherbelt, auch wenn uns ein paar Filme fehlen werden. Allerdings hatten wir wirklich eine Menge DVDs und VHS-Kassetten – und im besten Fall einmal im Monat etwas davon angeschaut.

Fotos macht man heute ja ohnehin digital – Papierabzüge haben die meisten von uns schon lange nicht mehr machen lassen, wobei man für bestimmte Anlässe mit einem Fotobuch, das man bei diversen Online-Dienstleistern gestalten kann, gut bedient ist. Um sich die Urlaubs- oder Geburtstagsfotos gemeinsam anzuschauen, ist ein Tablet gut geeignet, es geht aber auch mit modernen Fernsehern (oder natürlich am Computer). Und alte Fotos, Dias und Negative kann man digitalisieren lassen. Aber Vorsicht: Die 50-Euro-Scanner vom Elektronikmarkt liefern nicht gerade die beste Qualität, besser (aber auch wesentlich teurer) ist es, den Fachmann ranzulassen. Der weiß dann auch, was man mit Opas Super-8-Filmen und den Hi-8-Urlaubsvideos am besten macht.

Einige von uns digitalisieren ihre ganzen Zeitungs- und Zeitschriftenausschnitte, Belege, Dokumente, Bedienungsanleitungen (wobei es die auch oft vom Hersteller in digitaler Form gibt). Das geht mit der Kamera vom Smartphone oder Tablet und einer Scanner-App wirklich gut und schnell. Einziges Problem: Ganze Bücher können Sie so nicht digitalisieren, denn das wäre zu aufwendig.

Wenn Sie die Dokumente und Daten nicht nur dem eigenen Computer, Smartphone oder Tablet überlassen wollen, können Sie sie bei Diensten wie Box, Dropbox, Onedrive und spezialisierten Services wie dem „digitalen Zettelkasten“ Evernote oder dem Fotodienst Flickr abladen. Fast immer gibt es ein kostenloses Basisangebot – und selbst wenn der PC zuhause dann mal den Geist aufgibt, existiert im Internet noch eine Kopie der Daten.

Sicher ist Digitalisierung auf Teufel komm raus kein Diätrezept für jeden. Wenn Sie aber ein wenig technikaffin sind und vielleicht ein Smartphone oder Tablet besitzen, dann sollten Sie sich ernsthaft damit beschäftigen, welche alten Medien von der Schallplattensammlung bis zu den ausgerissenen Kochrezepten Sie so digitalisieren und damit Platz schaffen könnten.

#22 – Das Abspeck-Tagebuch

Es war eine Idee von Vera, Tagebuch über unsere individuellen Erfolge zu führen. Schließlich, so ihr Argument, würde man sich bei einer richtigen Diät ja auch regelmäßig auf die Waage stellen und ggf. notieren, was man gegessen und wie viel Sport man jeweils gemacht hat.

Jetzt kann man schlecht die Wohnung auf die Waage stellen. Aber man kann es andersrum machen: Alles, was ausgemistet wird, kommt auf die Waage. Jeden Tag (oder einfach immer, wenn man wieder einen Schritt voran kommt mit seiner Dinge-Diät) notieren Sie also, was Sie gemacht haben, was dabei daran glauben musste und wie hoch das abgespeckte Gewicht ist.

Wir haben daraus sogar eine Art kleinen Wettbewerb gemacht, indem wir jeweils am Monatsende alle zusammenrechnen, was wir wieder losgeworden sind. Wer einen neuen Rekord schafft, wird beim nächsten Treffen von den anderen eingeladen.

Leider muss ich gestehen, dass wir nicht gleich auf diese Idee gekommen sind und ich auch nicht immer Lust hatte, meinen Müllsack auch noch auf die Waage zu stellen. Aber interessieren würde es mich schon, wie viele Kilos unsere Wohnung insgesamt bei der Diät wohl verloren hat.

Ihr Abspeck-Tagebuch kann natürlich umfangreicher oder weniger detailliert ausfallen. Es ist aber auch ein wertvolles Hilfsmittel, um einerseits Ihre eigenen Erfolge noch einmal Revue passieren zu lassen, andererseits aber auch zu erkennen, wenn etwas nicht so funktioniert hat wie erhofft. In diesem Fall ist Ihr Abspeck-Tagebuch besonders nützlich: Sie können nämlich aus Fehlschlägen lernen, Ihre Strategie überprüfen und anpassen. Und so sicherstellen, dass Ihre Dinge-Diät langfristig zum optimalen Ergebnis führt.

TEIL VI.

RESSOURCEN: WEBLOGS UND BÜCHER

Petra stöbert viel im Internet zum Thema Vereinfachen, Entrümpeln, einfaches Leben, bewusster Konsumieren und Co. herum und hat uns netterweise die Liste ihrer Lieblingswebsites und Lieblingsblogs zur Verfügung gestellt – auf einigen gibt es neben Erfahrungsberichten und wertvollen Praxistipps auch weiterführende Links:

http://einfachbewusst.de

http://ganzeinfachleben.wordpress.com

http://kunterbunt11.wordpress.com

http://langsamerleben.wordpress.com

http://lebe-weise.de/tag/entrumpeln/

http://malmini.de

http://minimalismus-leben.de

http://minimalismusundmehr.wordpress.com

http://www.minimalistisch-leben.de

http://organisiert-leben.de

http://www.schwingelschwingeldingdong.com

http://widerstandistzweckmaessig.wordpress.com

Und natürlich hat Petra auch ein paar Bücher zum Thema, die wir uns nun reihum von ihr leihen dürfen ;-)

Kaller, Nunu: *Ich kauf nix! Wie ich durch Shopping-Diät glücklich wurde*, KiWi 2013

Kondo, Marie: *Magic Cleaning: Wie richtiges Aufräumen Ihr Leben verändert*, rororo 2013

Köpp, Constanze: *Aufgeräumt leben: Warum weniger Haben mehr Sein ist*, Knaur 2014

Küstenmacher, Marion und Werner Tiki: *simplify your life: Küche, Keller, Kleiderschrank entspannt im Griff*, Campus 2005

Lowis, Ulrike: *Der perfekte Haushalt: Aufräumen*, Naumann & Göbel 2014

Stolpmann, Markus: *WENIGER! So entmüllen Sie Ihr Leben*, KAMACO 2013

Townley Ewer, Cynthia: *Nie wieder Chaos! So bekommen Sie Ihren Haushalt in den Griff*, Dorling Kindersley 2007

DIE AUTORIN

Inge Dinge lebt mit ihrem Mann in einem kleinen Haus in einer deutschen Kleinstadt. Gemeinsam mit ihren Freundinnen hat sie dem Gerümpel in ihrem Leben den Kampf angesagt. Dabei hat sie die Lust am Schreiben gepackt und so hat sie ihr erstes Buch verfasst: die Dinge-Diät.

Mehr zu Inge und der Dinge-Diät gibt es auch online unter:

http://www.ingedinge.de

Das Ende dieses Buches – der Beginn Ihrer Dinge-Diät!

Damit sind Sie am Ende angekommen. Jetzt liegt es an Ihnen, unsere Anregungen an Ihre persönliche Situation anzupassen und sie umzusetzen. Denken Sie immer daran: Es ist Ihr Leben und Ihre Wohnung, nehmen Sie die Dinge in die Hand!

Natürlich freue ich mich, wenn Sie Die Dinge-Diät weiterempfehlen und eine kurze Rezension schreiben. Haben Sie Anregungen oder Kritik? Schreiben Sie mir über den Verlag an contact@kamaco.info.

Vielleicht besuchen Sie mich auch auf www.ingedinge.de: Dort gibt es weitere Infos, Tipps und Downloads zur Dinge-Diät.

Ihre Inge Dinge

KAMACO-Verlagsprogramm

Weitere Informationen zum KAMACO-Verlagsprogramm finden Sie im Internet auf www.kamaco.info. Sie möchten erfahren, wenn wir etwas Neues zu den Themen Lebensgestaltung, Minimalism und Zufriedenheit publizieren? Dann schicken Sie einfach eine E-Mail an weniger@kamaco.info und wir halten Sie auf dem Laufenden.

(Ihre Mailadresse wird nur für Mails in Zusammenhang mit unserem Angebot verwendet und wir geben diese nicht an Dritte weiter.)

WEITERE TITEL IM KAMACO-VERLAG (AUSWAHL)

Markus Stolpmann

WENIGER!

So entmüllen Sie Ihr Leben

Markus Stolpmann

BALKONIEN

Über 200 Anregungen für Ihren perfekten Urlaub zu Hause

Karina Matejcek

Mir geht es gut

50 Denkanstöße für mehr Lebensqualität

Gunna Wendt

Liesl Karlstadt

Ein biografischer Essay

Anna Bock

Die Entdeckung der Magierin

Roman

Verlagsprogramm: www.kamaco.info

Printed in Poland
by Amazon Fulfillment
Poland Sp. z o.o., Wrocław

15266061R00078